苏州市社会科学基金资助项目

过云楼档案揭秘

沈慧瑛 著

中国·苏州
古吴轩出版社

图书在版编目（CIP）数据

过云楼档案揭秘 / 沈慧瑛著. — 苏州：古吴轩出版社，2019. 7
ISBN 978-7-5546-1388-7

Ⅰ. ①过… Ⅱ. ①沈… Ⅲ. ①藏书楼 — 史料— 苏州 — 文集 Ⅳ. ① G259. 275.33-53

中国版本图书馆CIP数据核字（2019）第116217号

责任编辑：张　颖
见习编辑：王　莹
装帧设计：韩桂丽
特约校对：潘家荣
责任校对：韩桂丽　羊丹萍
封面摄影：钱　祺

书　　名：过云楼档案揭秘
著　　者：沈慧瑛
出版发行：古吴轩出版社
地址：苏州市十梓街458号　邮编：215006
Http：//www.guwuxuancbs.com　E-mail：gwxcbs@126.com
电话：0512-65233679　传真：0512-65220750
出 版 人：钱经纬
印　　刷：苏州市越洋印刷有限公司
开　　本：889×1194　1/32
印　　张：8.5
版　　次：2019年7月第1版　第1次印刷
书　　号：ISBN 978-7-5546-1388-7
定　　价：68.00元

如有印装质量问题，请与印刷厂联系。0512—68180628

序

樊树志

明清时代的苏州府，是全国经济文化中心，直到近代上海崛起，才逐渐褪去昔日的喧哗，归于恬静。今人关于苏州的印象，大多是“小桥流水人家”，随处可见的园林，以及苏州评弹和昆曲。

明代苏州一府之地向国家缴纳的赋税，占全国赋税总额的十分之一，足见其经济体量之大。发达的丝织业与棉织业，使苏州成为高品质丝绸与棉布的生产、加工、运销中心。苏州及其周边市镇，万商云集，物流频繁，一派欣欣向荣的繁忙景象。乾隆时代苏州人顾公燮在《消夏闲记摘抄》中对苏州的富庶有非常细致的记叙，他写道：“即以吾郡而论，洋货、皮货、绸缎、衣饰、金玉、珠宝、参药诸铺，戏院、游船、酒肆、茶店，如山如林，不知几千万人。有几千万人之奢华，即有几千万人之生理。”毫无疑问，苏州是明清时代的时尚中心、时尚风气的发源地，通过往返苏州的商人，向各地散播苏州的时尚，从而刺激江南经济的成长。

苏州人杰地灵，繁荣而发达的经济，为文化的蒸蒸日上奠定了坚实的基础，这里诗书传家成风，获取功名的学士多，享誉天下的文人多。在多种因素的作用下，苏州的私家园林鳞次栉比，私家藏书楼蔚为大观，也就不足为奇了。顾氏家族的怡园与过云楼，不过是其中的一角而已。

对苏州深有研究的唐力行教授说得好：“有清一代苏州状元达26人，占全国的22.8%。经济与文化的交互作用，催生了评弹与昆曲这对‘姐妹花’。于是有状元、优伶为苏州土产之说。昆曲曲高和寡，主要流行于士大夫阶层；评弹雅俗共赏，受众遍及士农工商乃至贩夫走卒。相应于苏州人的性格，昆曲被称为‘水磨腔’，评弹弦索叮咚则如江南水韵。如果说评话有如太湖般开阔澎湃，弹词则如穿街越巷的小桥流水。似水长流的评弹，深藏着苏州人的市隐心态，流淌着苏州人的心曲，叙说着苏州人的机敏、睿智、沉稳和变通。”其实，昆曲之于苏州人，何尝不是如此呢！有意思的是，过云楼主人顾文彬和他的朋友们，都雅好昆曲，他们的后人沿袭了这种高雅的喜好，也都怀有市隐之心。

沈慧瑛的新著《过云楼档案揭秘》，用另一种方式向我们叙述了苏州士大夫“大隐隐于市”的生活方式。

沈慧瑛于1982年至1986年求学于复旦大学历史系，现供职于苏州市档案馆，公务之余，勤于写作，出版作品多种。近日，她通过同班同学——现任教于复旦历史系的高晞教授联系到我，希望我为她的新著《过云楼档案揭秘》写一篇序言。学生向老师请求，理当出力。说老实话，我对于过云楼所知甚少，之所以欣然应允，一方面是出于师生情谊，另一方面是出于对苏州的崇敬之心。苏州实在是非常值得研究的课题，尽管此前已有许多卓越的研究成果，但其仍然有继续开掘的空间。《过云楼档案揭秘》从一个全新的视角切入，去回眸苏州的风雅往事。

过云楼顾氏，现在一般人可能感到陌生，但其曾是苏州的名门望族，在晚清与民国时期独领风骚。2012年，由海内外孤本、宋版《锦绣万花谷》全八十卷领衔的179种、1292册组成的过云楼藏书，以成交价达2.162亿元（含佣金）人民币的拍卖价被江苏凤凰传媒集团购得，创下中国古籍拍卖的世界纪录，这再次引起世人对于过云楼的关注，而这批藏书仅占过云楼全部藏书的四分之一。2016年12月，苏州博物馆联手故宫博物院、上海博物馆、南京博物院等，在苏州举办“烟云四合——清代苏州顾氏的收藏”特展，一时间，苏州顾氏声誉鹊起。

光绪元年（1875），“苏州顾氏”收藏事业的开创者顾文彬从宁绍台道任上病退，回到苏州，与儿子潜心营建怡园。侨寓苏州的大学问家俞樾为好友撰写《怡园记》。俞樾在苏州的居所曲园，与怡园近在咫尺，和顾文彬比邻而居。对此，俞樾说：“乐天诗云，‘明月好同三径夜’，然则怡园中月色，亦可分照曲园乎？古人千万买邻，良有以也。”

顾文彬还和儿子顾廷熙、顾承一起，缔造了收藏书画的宝库——过云楼。苏东坡说过，书画于人，如同过眼云烟。顾氏以“过云”命名藏书楼，是有深意的。顾氏后人把无价之宝视为过眼云烟，捐献给上海博物馆、苏州博物馆等文博单位，把私家秘藏化作大众共享的文化遗产。

苏州士大夫的市隐心态，在该书中处处可见。他们经常在园林中雅集，互相唱和诗词，鉴赏书画。怡园、听枫山馆、网师园等园林里，经常高朋满座。《吴郡真率会图》《吴中七老图》等都反映了当时的雅集盛况。俞樾为《吴中七老图》题诗曰：

清时啸咏一尊同，大有香山七老风。
他日衣冠传盛事，休忘高会在吴中。

在诗里，俞樾将顾文彬、潘曾玮等士大夫与唐代退隐林下、寄情山水的白居易、胡杲等名士相比拟。

顾文彬本人也是诗词名家，有《眉绿楼词》八卷刊刻出版。其中《跨鹤吹笙谱》又称《怡园词》，潘遵祁在序言中称赞："《怡园词》一出世，皆以为创前人所未有，而争先快睹。"另一卷《蝶板新声》，蒋德馨在序言中称赞："一篇跳出，八风齐鸣，每先夺乎牛耳。"

值得庆幸的是，过云楼不仅有大量书画传世，还保留了《过云楼日记》和《过云楼家书》等相关家族文献，透过这些文字，可以看到过云楼顾氏家族与知名人士俞樾、张之万、傅增湘、杨守敬、冒广生等人的交往，也可以由此一窥晚清苏州士大夫生活的点点滴滴。

读者诸君对过云楼的风采，是不是颇为迷恋，很想一探究竟呢？那么，不妨细细品读《过云楼档案揭秘》。

目录

引子

走进过云楼

关于顾文彬

顾文彬(1811—1889),字蔚如,号子山,又号紫珊,晚号艮庵。清元和(今江苏苏州)人。

嘉庆十六年(1811)三月二十二日,顾文彬出生于一个亦商亦儒的普通家庭。祖父顾鑑,专做会计,后开设油行。父亲顾大澜业儒,后辍学经商。顾文彬四岁入私塾读书,十四岁开始应县府试,屡试不售。至道光十年(1830),顾文彬二十岁时以第六名入元和县学,次年参加秋闱,中式第七十名。道光二十一年正月,顾文彬赴京会试,"榜发中式第一百七十三名",殿试二甲第六十名,分刑部湖广司,成为一名小京官。道光二十五年充湖广司主稿,那年八月二十九日,顾文彬的母亲过世,他与妻儿扶柩南归。三年后,顾文彬服阕进京,继续原来的工作。道光皇帝驾崩,顾文彬每日完成湖广司的公事后,就到实录馆充当校对官。咸丰二年(1852),顾文彬调刑部福建司主稿,不久补福建司主

顾文彬像

事缺。咸丰五年二月十四日，顾文彬发湖北以知府用，其时太平军在湖广正炽，次年二月顾文彬被湖广总督官文调到大营办理随州盐务，七月委署安陆知府，八月又被调到大营办理营务，官文对其十分欣赏。十一月，汉阳、武昌同日克复，顾文彬以军功议叙，于十二月二十五日奉旨加道员衔赏戴花翎，二十六日补授汉阳知府，但仍留在营中办事，并未到任。咸丰七年三月，顾文彬进武昌城接盐法道一职，同时还兼管营务，由于总督衙门被毁，顾文彬将盐法道衙门让给官文办公，自己另租地方。顾文彬因克复九江有功，赏加按察使衔，两次充湖北乡试提调。咸丰十年二月二十二日，顾文彬接到父亲病逝的消息，立即报告“丁忧”，官文再三挽留，请他帮助办理营务，但被他谢绝了。他先在湖北滞留了一段时间，随即到上海，因彭蕴章推荐帮办团练，直至同治三年（1864）八月才回到苏州。顾文彬赋闲十年后，于同治九年三月初一，第三次北上京城谋求官职，至十月二十日得宁绍台道职位。同治十年正月二十三日，顾文彬到浙江赴任，直至光绪元年（1875）四月二十八日辞职离开宁波，从此与吴中旧雨新知欢度暮年。顾文彬与原配浦夫人育有三子，分别为廷薰、廷熙、廷烈（后改名为承），与侍妾浦氏生煦与荥两个儿子，与蒋氏所生一子夭折。其中顾廷熙、顾承都热衷收藏书画，顾承在长兄、次兄过世后成为顾文彬构建过云楼与怡园的得力助手。

关于过云楼

过云楼是顾文彬和其子孙的收藏楼。顾文彬在《过云楼书画记》自序中称：“书画之于人，子瞻氏目为烟云过眼者也，余既韪其论以名藏秘之楼。”[1]顾氏父子精心打造的过云楼在晚清民国时期声名赫赫，

1 （清）顾文彬，（民国）顾麟士：《过云楼书画记·续记》，江苏古籍出版社1999年版，第1页。

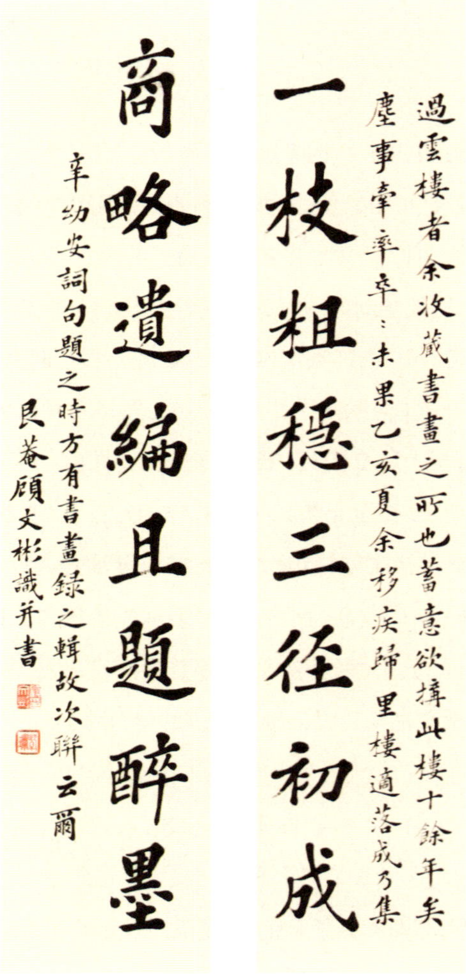

顾文彬集辛弃疾句题过云楼并加题跋

素有“江南收藏甲天下，过云楼收藏甲江南”之美誉。过云楼受到各路人马的追捧，古董商们纷纷向顾氏父子推销书画作品，与顾文彬交好的张之万、沈秉成、李鸿裔、吴云等达官贵人都向过云楼借阅书画，顾沄、胡锡珪、陆恢、吴昌硕等书画家在过云楼流连忘返，连康有为这样的维新人士也期待与过云楼第三代主人顾麟士相见。尽管研究顾氏过云楼的文章很多，但假如没读过《过云楼日记》《过云楼家书》，那么对普通读者来说过云楼只是一个抽象的概念，故先介绍一下顾文彬构筑过云楼的大致情况。

过云楼作为一个建筑实体，从酝酿到诞生经过一段相当长的时期，确切地说，先有过云楼之名，再有过云楼之楼。咸丰十一年，顾承编写《楚游寓目编》，从中可以看出顾氏父子一直钟爱并致力于收藏历代名家书画，他们为安放书画之所起名为过云楼也在情理之中，这符合古代人取室名、斋号的习惯。据清同治、光绪年间金石学家、苏州人金嘉穗与日本僧人养鸬彻定的《琼浦笔谈》记载，同治八年，金嘉穗在顾家住了一年，为顾氏整理《过云楼书画记》。光绪元年，顾文彬从宁波回到苏州，集辛弃疾（字幼安，号稼轩）句题过云楼，并题跋曰：“过云楼者，余收藏书画之所也。蓄意欲构此楼十余年矣，尘事牵率，卒卒未果。”顾文彬长期在外为官，苏州家事主要由其父顾大澜打理。道光二十九年，顾大澜将家搬到铁瓶巷，直到同治三年八月，顾文彬才购下顾家长期租赁的铁瓶巷房子作为自家恒产。或许自此以后，顾文彬将存放书画之室取名为“过云楼”，并由此产生了建造过云楼的想法。如果从同治初年顾文彬有此梦想算起，到同治十二年年底实现梦想，那么确实经过了约十年时间。

同治十年二月初八，顾文彬与吴艾生同游杭州郑兰（字谱香）的四面楼，只见“四面天井甚宽，皆环以太湖石，凿池两处”[1]，回廊亭榭点缀其间，一派苏式园林的风光。顾文彬顿时眼睛一亮——这四面楼与他心心念念想造的过云楼一般无二，他在当天的日记中表示此楼“可谓先得我心”。他粗粗估算一下，要完成这样一个工程“非数万金不可”，而他此时还没有这个经济实力。五月初八，顾文彬闲来无事，诗兴大发，集句若干，其中有他分别集张炎（号玉田）、辛弃疾句题过云楼之作：

其一

出岫本无心，旧隐琴书，应妒过云明灭；

弄泉试照影，再盟鸥鹭，知他甚日重来。

其二

得丧乘除，机心早觉。丹青图画，老眼羞明。飞去了无踪，万事云烟

1 （清）顾文彬：《过云楼日记》（点校本），文汇出版社2015年版，第96页。

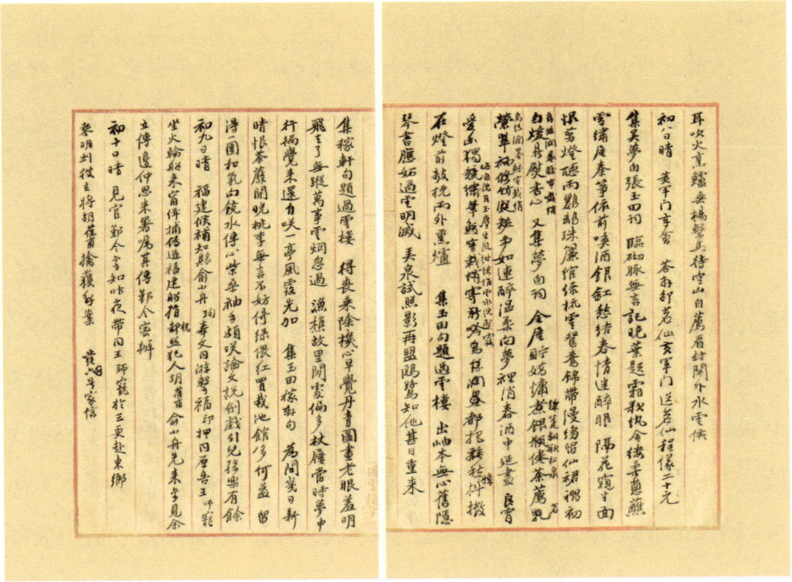

过云楼日记　苏州市档案馆藏

忽过。

渔樵故里，闲处偏多。杖履当时，梦中行偏。觉来还自笑，一亭风露先加。[1]

过云楼，寄托着顾文彬的一个梦。

同治十一年四月初八，顾文彬在家书中再次与儿子提及营造过云楼的想法："我意欲造过云楼一座，尚有法可想否？"[2]次年正月初十，顾文彬带着二孙麟元及幕僚等人离开宁波来到杭州，给浙江巡抚等上级领导和同僚拜年。之前他曾约顾承在杭州相见，然后父子同回宁波。其时顾承管理苏州家族事务，正在商谈购买军械所房屋等重大事情，顾文彬担心他未必能及时赶到杭州会合，故在当日的书信中关照他，如果他们在杭州错过，那么让他拜访"郑谱香之大世兄，观其园中四面楼。我拟照此式样起造过云楼，使汝胸中先有成竹也"[3]。顾文彬心思缜密，考虑问题周全，尽管他中意郑氏四面楼的式样，然担心苏州没有这么大的地盘可用，又担心自己无力承受巨大的费用，在二月初一的家书中又叮嘱顾承务必到郑氏的四面楼一探究竟，以便做到心中有数。顾文彬将他要构建的过云楼视为小天一阁，当他考虑到仿四

1　(清)顾文彬：《过云楼日记》(点校本)，文汇出版社2015年版，第123页。
2　(清)顾文彬：《过云楼家书》(点校本)，文汇出版社2016年版，第147页。
3　(清)顾文彬：《过云楼家书》(点校本)，文汇出版社2016年版，第219页。

面楼建筑的成本与用地的情况，便提议仿苏州葑门钟楼（现苏大校园内俗称“钟楼”“方塔”的文星阁）式样，“书画图籍之上品贮于阁上，中下之品贮于楼下，其楼与内屋相连，颇为谨密，无偷窃之虞”[1]。目前尚在原址的过云楼则是一幢三开间的二层建筑，并非葑门钟楼的式样，可见顾承还是尽最大可能满足老父亲的心愿。

顾承自同治十二年二月十四日到宁波，直至三月二十九日抵沪。一个多月的时间里，父子细细谋划营造过云楼、花园等事宜。顾承回到苏州着手购地买屋，扩充地盘，营造过云楼、怡园等建筑，七月下旬他还在为过云楼觅寻造屋的旧木料。过云楼可能在九、十月间动工，十月十三日，“花厅、过云楼俱已上梁”。顾文彬在宁波遥控指挥过云楼庭院湖石的布置：“过云楼庭中只立一高峰，固属简净，或旁边略缀玲珑小石数块，取丈人峰下罗列儿孙之意。疏疏落落，不用堆砌，亦甚大方。”[2]当他得知赵园、曹园共有三块大尺寸的太湖石竖峰时，又提议“花厅、过云楼、西方厅有三天井，恰好各立一峰”[3]。由于风水之说，顾氏父子为过云楼是否立大型太湖石竖峰展开激烈的讨论，最后顾文彬屈服于风水之“威力”，只能选择“小石之玲珑者”点缀过云楼庭院。

早年顾文彬已请同窗好友冯桂芬为过云楼题写匾额，但始终觉得

1 （清）顾文彬：《过云楼家书》（点校本），文汇出版社2016年版，第255页。
2 （清）顾文彬：《过云楼家书》（点校本），文汇出版社2016年版，第313页。
3 （清）顾文彬：《过云楼家书》（点校本），文汇出版社2016年版，第322页。

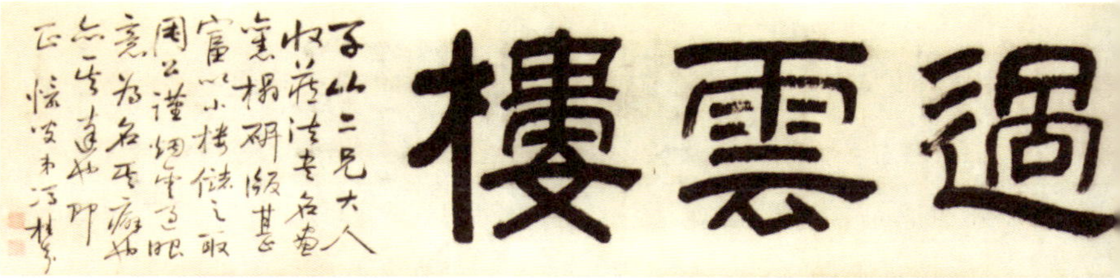

冯桂芬为过云楼题写的匾额

冯桂芬题字太小，便征求顾承意见，倘若嫌字小可以请冯氏再写，强调“此老书，我所心折，即重复亦无妨也”。目前所见到的过云楼匾额依旧是冯桂芬的墨宝，其跋语曰：“子山二兄大人收藏法书名画、旧榻碑版甚富，以小楼储之，取周公谨烟云过眼意为名，其癖也，亦其达也。即正。怀叟弟冯桂芬。”从“小楼”两字分析，同治十年之前，顾氏住宅未必有多余的小楼庋藏书画，故极有可能是冯桂芬根据新造过云楼量身定做的匾额，且“过云楼”三字和匾额并不小。

光绪元年五月初二，顾文彬辞官回到苏州，开始过颐养天年的幸福生活。顾文彬集辛弃疾词为过云楼题句曰：“一枝粗稳，三径初成；商略遗编，且题醉墨。”他还在题跋中写道：“乙亥夏，余移疾归里，楼适落成，乃集辛幼安词句题之。时方有书画录之辑，故次联云尔。”过云楼主体建筑在同治十二年十月建成，庭园湖石、花木的布置以及楼上楼下房间隔断诸事经过一年多的时间才渐次完善。顾文彬的《艮庵老人手订年谱》记载，“余在任时开拓住宅，东首两落，其一改造‘过云楼’，上下两层；前一进平屋三间，即‘艮庵’”。过云楼、艮庵与顾氏住宅、怡园、春荫义庄组成一个庞大的建筑群，过云楼的藏品成为同道们鉴赏与临摹的范本，怡园成为苏州文化沙龙的中心。

顾文彬留下的日记和家书中详细记录了过云楼收藏和营造的过程。《过云楼日记》起止时间为同治九年至光绪十年，主要涉及官场政务、子女教育、书画收藏、友朋交往、家庭生活等方面的内容，展现了晚清士绅生活的图景。《过云楼家书》则是顾文彬于同治九年进京等待起复到光绪元年四月辞职归里期间写给顾承的书信，可以与日记互为印证，其内容更为广泛与丰富，其中涉及构建怡园、过云楼以及顾氏父子有关书画鉴赏与买卖方面的信息尤为详尽，可以视为顾氏父子关于园林构筑与书画鉴赏的谈艺录。

过云楼收藏历经吐故纳新、精益求精的漫长过程。光绪八年秋，顾文彬撰写《过云楼书画记自叙》，表示“今此过云楼之藏，前有以娱吾亲，后有以益吾世世子孙之学”[1]，希望以书画等文化艺术滋养他的后代，这与他在家书中关于对孙辈开展书画艺术培训的要求是一致的。在这部他亲自审定的《过云楼书画记》中，收录了唐宋明清书画作品246件，其中包括《米题褚摹兰亭卷》《苏文忠祭黄几道文卷》在

1 （清）顾文彬，（民国）顾麟士：《过云楼书画记·续记》，江苏古籍出版社1999年版，第1页。

内的书法类作品58件，包括《释巨然海野图卷》《唐子畏王济之出山图卷》（即《王公拜相图》，又称《王文恪出山图》）在内的绘画类作品188件。过云楼实际收藏的书画远远不止这些，比如同治九年四月十八日顾文彬在京城筠青阁以八金购得的吴文中《辋川图》并未收入。顾文彬之孙顾麟士撰写的《过云楼续书画记》，共收录书画作品113件，其中书法类作品29件，绘画类作品84件。过云楼除了收藏字画外，还收藏了金石、古籍、印章、泉币等，刊印了《古泉略释》《借碧簃集印》等。

顾文彬将自己的收藏楼取名为过云楼，表示了一种达观的人生态度。走过一个半世纪的岁月，过云楼的藏品多数被国家公共文博机构收藏，成为中华民族的文化瑰宝。顾麟士将藏品分给顾则久（字公可）、顾则扬（字公雄）、顾则坚（字公柔）、顾则奂（字公硕）四个儿子（四子均以字行），其中顾公雄的家属遵循顾公雄的遗愿，于1951年、1959年将宋魏了翁行书《文向帖》、元张渥《九歌图》、明杜琼《南村别墅十景册》（即《南村十景》册）等300余件书画精品捐赠给上海博物馆，顾公硕也向苏州博物馆捐献元王蒙《竹石图》等珍品120多件。过眼烟云，终于化作了霞晖渊映，顾氏作为苏州文化世家又达到更高的境界，传递着“藏于私不如藏于公”的高尚情操。

2015年5月18日，位于原址的过云楼陈列馆正式对外开放。烟云过眼，作为江南文化地标的过云楼在新时代焕发出新的活力。

《花天跨蝶图》诞生记

顾文彬不仅是精于书画鉴赏的收藏家，还是一位出色的书画“设计者”。据苏州市档案馆藏顾文彬日记、家书等档案文献记载，他经常告诉三子顾承，该请哪位名家题匾、题跋，如何组装书画册页等。顾文彬曾构思《花天跨蝶图》，要求画师把他的小像以背影的形式置于蝶上，呈现他骑蝶飞上云霄、仙女持花相接的画面。从道光二十八年（1848）到同治十三年（1874），他先后请董小苑、任薰绘制《花天跨蝶图》。这幅充满浪漫主义色彩的作品，既是顾文彬十分自得的创意，也是他请画家私人定制的作品，成为过云楼的珍藏。

顾文彬以收藏著称，深谙书画之道，对作品的布局和内容表现颇有研究。戊申之春，即道光二十八年，顾文彬请胡骏声（字芑香）画小照，请董小苑绘就《花天跨蝶图》，并将此图携往京城把玩。那年秋天，顾文彬填《春从天上来》一阕：

霞举轩轩。控绰约春驹，便学骖鸾。絮云铺海，花雨行天。招手雾鬟风鬓。洒盈裾露蕊，泻粉翅，都化珠圆。笑痴龙，种相思瑶草，辛苦耕烟。

琼楼旧时明月，照鹤背吹笙，似此高寒。玉佩徐要，金幢遥引，未须鹊羽桥填。奈钗鸣钏动，易催醒，栩栩游仙。问银湾，莫浮红漾碧，流到人间。

翌年春，清代著名书法家何绍基（字子贞）在陶然亭宴请顾文彬、张穆学、张金镛、胡焯等同年。把酒言欢之际，顾文彬出示此图，请他们观赏并题跋，张穆学、张金镛、胡焯纷纷留下墨宝。何绍基不仅题写引首，还作长诗题跋："好花十万碧云回，天女殷勤费剪裁。妙是玉腰奴解事，等闲驮取慧郎来。何处楼台十二城？朗吟风送步虚声。……尘海今逢蝶背仙。苍茫絮果与兰因，草草东风又送春。我自骑牛君跨蝶，相逢一醉及花辰。"

《花天跨蝶图》

何绍基曾请人画过《骑牛图》，故诗中有何氏骑牛顾氏跨蝶之句。转眼十七年过去了，至同治四年，何绍基客居吴门，拜访了辞官归里的顾文彬，再次欣赏《花天跨蝶图》。何绍基不免感慨万千，当年同在京城为官，而今双双归隐江湖，相聚吴门，他又题诗一首：

碧瑶天化水云苍，蝶梦醒余海气凉。
玉笛梅花吹不落，依然旖旎一身香。

晚清著名才子、书画家冯志沂题诗：

竟将胡蝶作春驹，手拂浓花上碧虚。
仙侣相逢应一笑，骖鸾骑鹤总粗疏。

定是无情定有情，云中蝶背宛相迎。

丹青一任凭虚写，莫遣人间识姓名。

潘世恩之子潘曾莹、潘曾玮兄弟也纷纷题诗，名家题跋无疑为图增光添色。

尽管这幅《花天跨蝶图》上留有何绍基、陶樑、吴云、蒋德馨、许锷等十九位好友的题诗题跋，并与画装裱成长卷，被顾文彬视为珍宝，即使在咸丰十年（1860）顾家人逃难之时也未遗失，然而，他内心对董小苑的《花天跨蹀图》并不满意，认为“董公画笔尚嫩”[1]，又是绢本。因此，到同治十一年十二月，顾文彬萌生了请任薰重绘此图的想法，并与顾承进行沟通。

任薰（1835—1893），浙江萧山人，字舜琴，又字阜长，其父任椿、其兄任熊皆擅长绘画。任薰与任熊同取法陈洪绶，以画名世。同治七年，任薰离开家乡来到苏州，以卖画为生，后奔波于苏州、上海两地，与任熊、任颐（即任伯年）、任预（字立凡，任熊之子）并称“海上四任”。同治年间，任薰的二十四页画以“一百元”的高价被人收藏，与英年早逝的任熊画作价格不相上下，价格的高低一定程度上代表了绘画水平的高下，或者说画家未来的潜力与市场，某种程度上体现了画作的收藏价值。

---

1 （清）顾文彬：《过云楼家书》（点校本），文汇出版社2016年版，第212页。

顾文彬非常欣赏任薰的作品，认为他的笔墨足以与任熊“竞爽”，因此多次要求顾承请任薰临摹古画名作。在同治十一年十二月十八日的家书中，顾文彬希望任薰重画《花天跨蝶图》，“须二丈余长，以奇丽为主，兴到即画，不必限以时日，笔资俟画毕酌量致送，先与言明，决不菲薄。我之小影仍作背面形，骑于蝶背，高低悉照原卷，以便将题咏移入耳”[1]。顾文彬既许以润笔从优的待遇，又强调“我昔年所画花天跨蝶图，是绝好题目，辟前人所未有”[2]。好题材必然会流芳百世，流芳百世的不仅是画，还有画家及设计者。

翌年二月初二，时隔一个半月，顾文彬又从宁波致信苏州家中，询问任薰是否动笔画《花天跨蝶图》。在这通书信中，顾文彬对顾承进行艺术指导，提出自己的构想，“所画散花天女，开相宜艳丽，不可过于古拙，其卷愈长愈好，丘壑愈奇愈妙，不必限以时日，兴到即画”[3]。顾文彬深知慢工出细活，不能急于求成，画画要“兴”之所至，方能达到预期的效果。任薰是职业画家，以画为生，银子的多少决定成功的概率，顾文彬再次关照顾承“将来多送些笔资可也”[4]。由于任薰在沪、苏两地颇有声名，绘画“生意”繁忙，顾文彬让顾承“须切实致意”，方能打动人心。从顾文彬的日记和顾氏父子的家书中，我们可以

1 （清）顾文彬：《过云楼家书》（点校本），文汇出版社2016年版，第212页。
2 （清）顾文彬：《过云楼家书》（点校本），文汇出版社2016年版，第212页。
3 （清）顾文彬：《过云楼家书》（点校本），文汇出版社2016年版，第227页。
4 （清）顾文彬：《过云楼家书》（点校本），文汇出版社2016年版，第227页。

看出，顾文彬善于把握人的心理，了解对方需求，动之以情，诱之以利，以达到目的。

然而过了半年，到了同治十二年八月，顾文彬已在杭州负责浙省秋闱事宜，任薰那边还没有动静。顾文彬心里不免有点着急了。顾承于九月初七到杭州，搬入贡院，陪伴父亲。父子私聊时，顾文彬要求顾承回苏州后先送些笔资给任薰，并以允许任薰借观任熊的《姚大梅诗意图》为诱饵，催促他早日动手画《花天跨蝶图》。任熊与任薰感情甚好，《姚大梅诗意图》是任熊的代表作品，在任薰的心中分量很重，以此为诱饵必然能促使《花天跨蝶图》早日完成。除了《花天跨蝶图》，顾文彬还希望任薰临摹陈洪绶的罗汉卷，认为陈氏“用笔之沉着，设色之古雅，相貌之庄严，衣服之变换，色色精到，真欲空前绝后”[1]，目的是将任薰临摹之作与任熊的“诸仙祝寿卷裱成一对”[2]。在顾文彬眼中，任氏兄弟的作品为“近人中名笔”[3]，必然会流芳百世。可惜由于任薰开价颇高，此事暂被搁置。更不巧的是，《花天跨蝶图》还没开笔，任薰却生病了，总不能逼病人作画吧。顾文彬在十月二十二日的家书中叮嘱顾承说，“阜长待其病愈，先画花天跨蝶为要”[4]。任薰一病，多少耽搁进度，同治十三年六月，此图似乎接近尾声。在六月十七日的

1 （清）顾文彬：《过云楼家书》（点校本），文汇出版社2016年版，第152页。
2 （清）顾文彬：《过云楼家书》（点校本），文汇出版社2016年版，第153页。
3 （清）顾文彬：《过云楼家书》（点校本），文汇出版社2016年版，第153页。
4 （清）顾文彬：《过云楼家书》（点校本），文汇出版社2016年版，第315页。

家书中，顾文彬写道：“花天跨蝶图阜长曾否补完？旧图寄来，我欲加跋，便可以旧跋拆入新图重装耳。”[1]顾文彬打算将董画上的原跋拆下来，重新装裱到任薰的《花天跨蝶图》上。仅过了一周，顾文彬再次在信中提及将董小苑的《花天跨蝶图》寄到宁波之事，表明待他“补录旧词，加以新跋，庶可与新图合装耳”[2]。

那么任薰是何时完成《花天跨蝶图》的呢？同治十三年七月初三，顾文彬告诉顾承“昨收到跨蝶图、卞润甫扇面”[3]，按当时宁波与苏州书信往来所需时间推算，任薰的《花天跨蝶图》当在六月底前初步完工。此图上落款时间为甲戌秋八月，“为艮庵先生补图，萧山任薰阜长写”，由此可见，当顾承寄出董氏所画旧图时，任薰的构图也差不多完工了，只是画作需要精心打磨，故至八月才最后收官。顾文彬从同治十一年十二月提出想法，到第三年八月任薰完成画作，经历了一年又八个月的时间——当然，真正作画的时间不会太长。

以顾文彬的创意为基础，任薰在《花天跨蝶图》上绘了六十余位服饰、神态、头饰各异的手捧鲜花的仙女，而顾文彬身跨一只巨蝶之上，踏着祥云，飞向仙界。顾氏父子把董小苑的《花天跨蝶图》上众人题跋全部拆下来，重新装裱到任氏的新图上，丰富了任薰《花天跨蝶

1 （清）顾文彬：《过云楼家书》（点校本），文汇出版社2016年版，第393页。
2 （清）顾文彬：《过云楼家书》（点校本），文汇出版社2016年版，第397页。
3 （清）顾文彬：《过云楼家书》（点校本），文汇出版社2016年版，第401页。

《花天跨蝶图》局部

图》的内涵，也提升了任画的文史价值，画与跋相得益彰。

光绪三年（1877）秋，顾文彬又请吴门画家袁启潮（字子辛）为其画照，此时他已六十七岁，而当年绘于董画上的他仅三十八岁。顾文彬写下跋语，交代了请董小苑、任薰绘制《花天跨蝶图》的经过，除了上述《春从天上来》词外，顾文彬还集了他喜爱的宋代大词人苏轼（号东坡）、吴文英（号梦窗）、辛弃疾、张炎四位词人的词于任氏《花天跨蝶图》上。所集辛词，有“羡仙都梦觉，歌舞匆匆。谁怜故山归梦，笑白发如今人老”之句。光绪十六年二月，顾文彬的门生费念慈（字屺怀）为他三十八岁、六十七岁小像题词，其时顾文彬刚过世不久，这两幅小

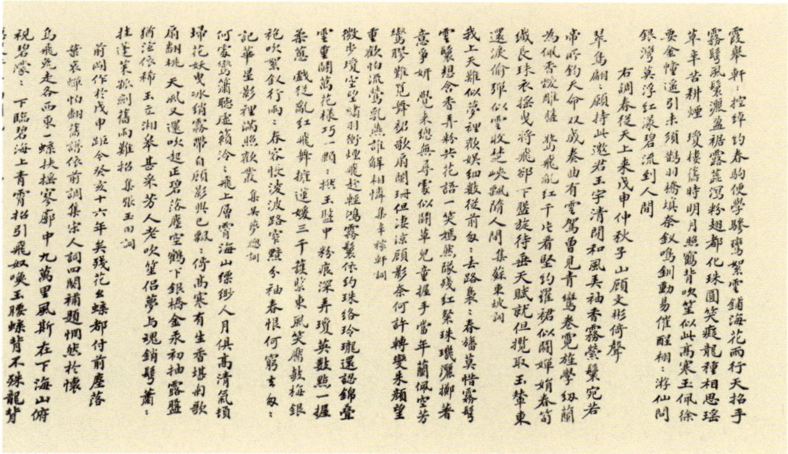

《花天跨蝶图》题跋

像连同友人们的题跋都被装裱在任薰的《花天跨蝶图》上。

顾文彬从二十一岁中举到三十一岁得中进士，从小京官到宁绍台道，几度宦海沉浮，梦醒时分已是暮年。回望正值壮年的三十八岁时画像，人生真如一场大梦。请董小苑绘制的《花天跨蝶图》完成于道光二十八年他服阕进京之际，表达了顾文彬作为文人士大夫对仙界的向往，以及对美好未来的寄望。综观其一生，顾文彬三次走进官场，寻找发展机会，做官之外最大的爱好是收藏书画。其间，他的书画鉴赏水平得到提升，请任薰重画《花天跨蝶图》就是最好的说明。

风雅真率会

北宋年间，司马光与王安石因政见不同而分道扬镳，司马光罢官回到洛阳，与故交挚友成立真率会，规定酒不过五行，食不过五味。由北宋到晚清，皇帝不知换了多少个，但缙绅名士的风雅不减当年。吴郡真率会就是光绪年间以归隐苏州的官绅为主的小圈子活动。参加者以真诚坦率为相处之道，以私家园林为活动场所，以书画鉴赏、诗文唱酬、品茗饮酒为主要内容，雅集频频，自娱自乐。吴郡率真会俨然成为引领苏州时尚的文化沙龙。过云楼珍藏的一幅《吴郡真率会图》并非顾文彬花高价购得，而是他与吴云（字少甫，号平斋、愉庭，晚号退楼主人）、沈秉成（字仲复）、勒方锜（字悟九，号少仲）、李鸿裔（字眉生，号香严）等同道共同倡议建立吴郡真率会时的人物肖像画，用如今的话讲，这是一张集体照。《吴郡真率会图》复原了热衷于林泉生活的晚清士绅的交游场景，那份悠闲与风雅让后人羡慕不已。

吴郡真率会初期的主要成员为吴云、沈秉成、李鸿裔、勒方锜、顾文彬、潘曾玮、彭慰高七人。他们或为名门之子，或为封疆大吏，与朝廷有着千丝万缕的关系，可以说都是当时的名流耆旧，更因机缘巧合与吴门结下深厚的情谊。顾文彬、潘曾玮、彭慰高是地道的苏州人，吴云、李鸿裔在苏州做过官，辞官后又息影吴门，而勒方锜正在苏州任上，他们之间的关系颇为密切。来自归安（今浙江湖州）的吴云与沈秉成既是同乡，又是亲戚，而吴云、顾文彬、彭慰高三人同岁，且有姻亲关系，其中顾文彬的长孙女嫁给吴云之孙，顾文彬的八子顾煦娶了彭家的女儿。这些名流都是学富五车之辈，擅长书法，精于鉴赏，爱好收藏，情趣相契的他们轮流做东，时而品茗喝酒、议论时政，时而吟诗作对、相请题跋，时而品评园林景物、鉴赏字画古玩。从城南李鸿裔的网师园到城中顾文彬的怡园、吴云的听枫山馆，再到城东沈秉成的耦园，来来往往的足迹留在了他们的文字中。吴云的《两罍轩尺牍》中涉及颇多举办真率会的信息，可和顾文彬日记中的相关记录相互印证——顾文彬是真率会的积极参与者、记录者，其日记中记载了二十六次真率会雅集。顾文彬还策划与“导演”了真率会成员们的集体照——《吴郡真率会图》。

光绪五年（1879）二月初六，“巳刻，赴退楼真率会”[1]。这是顾文彬日记中首次出现真率会之名。之后，李鸿裔、沈秉成先后在网师园、

1 （清）顾文彬：《过云楼日记》（点校本），文汇出版社2015年版，第488页。

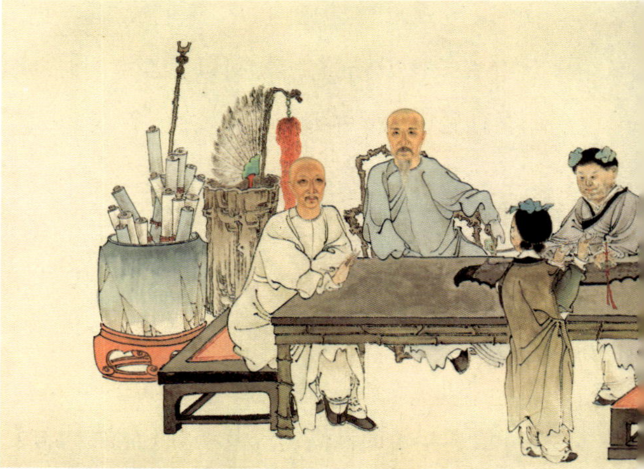

《吴郡真率会图》
苏州市档案馆藏

耦园组织真率会。到九月初九，顾文彬邀请真率会的朋友们在怡园举行雅集，沈秉成因姐生病、彭慰高因扫墓未到，其余均积极响应。顾文彬特地请来常熟籍画家胡泾（字芑孙，号岫云）为他们画集体像，他们则每人各持一幅作为永久纪念。图成之后，顾文彬发现一个问题，即真率会同道者的姿态摆得太正，“皆画正面，不能顾盼生情，致令补景者难于措手”，于是他与另一位著名画家任薰商量，在画卷中补画“三僮于坐隅，一摘阮，一抚琴，一吹笛”。十一月二十三日，顾文彬将真率会图分送给好友们，先“往晤胡岫云，送与画真率会照三元，前付五元清讫，带归少仲、眉生两份，即送交眉生，并荐任舜琴可以补图。

眉生已允他日送来。余自携少仲一份送交愉庭"[1]。顾文彬与胡泾结清账目，先到李鸿裔处送图，并告知可以请任薰补图，再到听枫山馆会晤吴云。谁知吴云看后，略有不满，嫌画上的自己脸上"瘤太大"[2]，又嫌将潘曾玮的面色画得太红，有损两位"老帅哥"的光辉形象，要求顾文彬让画家重新美化一下。多年后，李鸿裔的后人拿着"七老图"（此图称《蘧园七老图》）请俞樾题跋时，俞樾一眼便认出老友吴云，说虽然画得不是太像，但那颗瘤却是标志。而那张由胡泾画、任薰补

1 （清）顾文彬：《过云楼日记》（点校本），文汇出版社2015年版，第499页。
2 （清）顾文彬：《过云楼日记》（点校本），文汇出版社2015年版，第499页。

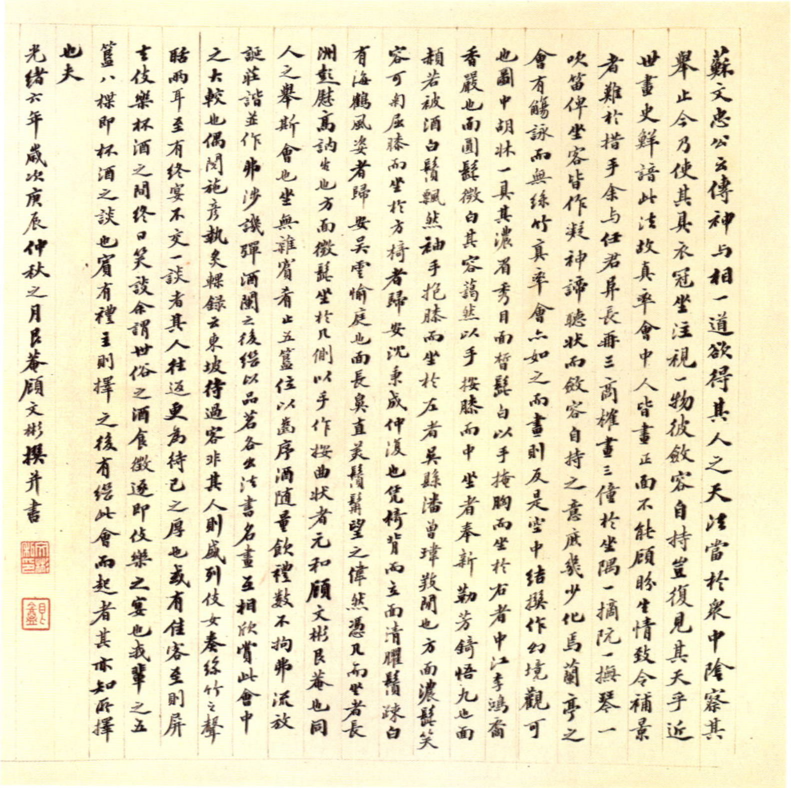
蘇文忠公云傳神與相一道欲得其人之天法當於衆中陰察其
舉止今乃使具衣冠坐注視一物彼斂容自持豈復見其天乎近
世畫史鮮諳此法故真率會中人皆畫正面不能顧盼生情致令補景
者難於措手余與任君阜長再三商榷畫三僮於坐隅一摘阮一撫琴一
吹笛俾坐客皆作凝神諦聽狀而斂容自持之意庶幾少化焉蘭亭之
會有觴詠而無絲竹真率會亦如之而畫則反是空中結撰作幻境觀可
也圖中胡牀一具其濃眉秀目面皙髭白以手掩胸而坐於右者中江李鴻裔
香嚴也面圓髭微白其容藹然以手按膝而中坐者奉新勒方錡悟九也面
頳若被酒白鬚飄然袖手抱膝而坐於左者吳縣潘曾瑋玖閣也方面濃髭笑
容可掬屈膝而坐於方椅者歸安沈秉成仲復也凭椅背而立面清臞鬚疏白
有海鶴風姿者歸安吳雲愉庭也面長鼻直美鬚髯望之偉然憑几而坐者長
洲彭慰高訥生也方面微髭坐於几側以手作按曲狀者元和顧文彬艮菴也同
人之舉斯會也坐無雜賓肴止五簋位以齒序酒隨量飲禮數不拘弗流放
誕莊諧並作弗涉譏彈酒闌之後繼以品茗各出法書名畫互相欣賞此會中
之大較也偶閱施彥執炙輠錄云東坡待過客非其人則盛列伎女奏絲竹之聲
聒兩耳至有終宴不交一談者其人往返更為待己之厚也或有佳客至則屏
去伎樂杯酒之間終日笑談余謂世俗之酒食徵逐即伎樂之宴也我輩之五
簋八楪即杯酒之談也賓有禮主則擇之後有繼此會而起者其亦知所擇
也夫
光緒六年歲次庚辰仲秋之月艮菴顧文彬撰并書

顾文彬题《吴郡真率会图》

图的《真率会七老图》，也即《吴郡真率会图》，除了顾氏后人收藏外，其余不知所终。

第二年秋天，顾文彬为此图题跋，对画卷中的人物相貌、神情及其所坐位置逐一描述：

其浓眉秀目，面皙髭白，以手掩胸而坐于右者，中江李鸿裔香严也；面圆髭微白，其容蔼然，以手按膝而中坐者，奉新勒方锜悟九也；面颊若被酒，白须飘然，袖手抱膝而坐于左者，吴县潘曾玮敉闲也；方面浓髭，笑容可掬，屈膝而坐于方椅者，归安沈秉成仲复也；凭椅背而立，面清臞、须疏白，有海鹤风姿者，归安吴云愉庭也；面长鼻直，美须髯，望之伟然，凭几而坐者，长洲彭慰高讷生也；方面微髭，坐于几侧，以手作按曲状者，元和顾文彬艮庵也。

点评一番之后，顾文彬又描述他们举行真率会的主旨："坐无杂宾，肴止五簋；位以齿序，酒随量饮；礼数不拘，弗流放诞；庄谐并作，弗涉讥弹。酒阑之后，继以品茗，各出法书名画，互相欣赏。"换言之，这些成员都是相熟的志同道合者，以年龄长幼排序，以自由宽松的方式相处，喝酒品茗之余，相互晒晒书画，品鉴一番。

同年，李鸿裔应顾氏之请为其真率会图抄录了钱澄之（字饮光）的诗，第二年又在图上题咏。而"吴郡真率会图（怡园藏卷）"几个字则由吴云题写，时间为光绪八年六月。这一年为此图题咏的还有彭慰高、沈秉成、潘遵祁。彭慰高以一手漂亮的隶书题写长诗："真率斋中载酒过，闲云天际意如何，往来人侣沙鸥孰，更比城南雅集多……我本沧浪旧钓童，而今衰白已成翁。数椽老屋堪延客，分付园丁种早菘。"

耦园主人沈秉成也以长诗题跋，评说顾文彬的学问、收藏及其在真率会中的作用："怡园老人学问优，一官脱屣归田畴，真率会中主客酬，图书金石穷雕锼。"同时沈秉成又巧妙地将六人的名字嵌进诗句，写出他们的经历、性格及兴趣，如"钝舫少小绍箕裘"指彭慰高，"延陵好古无与俦"指吴云，"敉闲洵可傲五侯"指潘曾玮。吴云则题诗感叹"过眼云烟草窗录，止谈风月竹林游。重提四十年前事，各抱平生志未酬"，四十多年岁月的磨砺早使朋辈们当年的豪气荡然无存了。吴云也在考虑请谁题写他收藏的图卷的名字，由于他与勒方锜的关系相当不错，因此在致勒方锜函中请其题写真率会图，并说是否加"吴郡"二字，由勒方锜定夺。

由于吴云体弱多病，不宜外出，故而经常由其做东在听枫山馆举行真率会活动，有时勒方锜、潘曾玮也借他的地盘举行雅集。光绪六年四月初四，吴云在听枫山馆举行真率会活动，参与者有沈秉成、彭慰高、李鸿裔、顾文彬。此时吴云在听枫山馆的院中新筑茅亭，"枫树

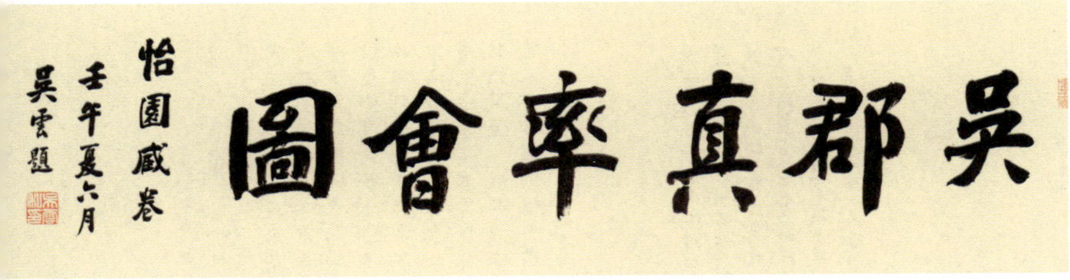

吴云为《吴郡真率会图》题字

下环筑假山，移石笋三株”[1]，请顾文彬撰写楹联。顾氏的书法一流，诗词也不错，平时喜欢集苏轼、辛弃疾等名家的词，随即集辛弃疾词相赠：“今古几池台，新葺茆斋，倚栏看碧成朱，揩拭老来诗句眼；风月一丘壑，醉扶怪石，有客骖鸾翳凤，横斜削尽短长山”[2]。

同年十二月初九，吴云又邀作蝴蝶会，实则是真率会之“变局”，参加者即真率会中人，唯一增加江苏布政使许应鑅（字昌言，号星台）。或许是初次参加活动，许应鑅带来很多菜肴请大家品尝。当天，好客的吴云以熊掌请客，而顾文彬并不喜欢，他在日记中写道：“余食之屡矣，了不觉其味之佳，列入八珍乃浪得虚名耳。”[3]

真率会人员并不固定，最初吴云、勒方锜、沈秉成、潘曾玮、李鸿

1　（清）顾文彬：《过云楼日记》（点校本），文汇出版社2015年版，第510页。
2　（清）顾文彬：《过云楼日记》（点校本），文汇出版社2015年版，第510页。
3　（清）顾文彬：《过云楼日记》（点校本），文汇出版社2015年版，第520页。

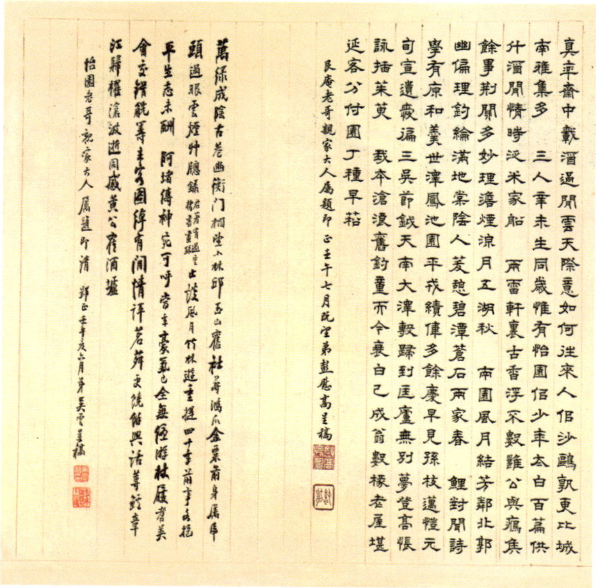

彭慰高、吴云题《吴郡真率会图》

裔、顾文彬六人经常相聚，到光绪五年九月初二，在李鸿裔的网师园聚会时，彭慰高开始加入，之后勒方锜到福建等地任职，至光绪六年七月初七，顾文彬的同年潘曾莹的长子潘祖同（号谱琴）出席真率会。接着勒方锜、吴云相继过世，沈秉成离开苏州再度进入官场。光绪八年、光绪九年，顾文彬的日记中并无真率会活动的记载。这两年，顾氏的日记内容极少，先是最钟爱的儿子顾承突然过世，接着二孙、大孙先后病亡，这对一个七旬老人的打击可想而知。直至光绪十年四月十二日，顾文彬的日记中再次出现真率会的记录，说“七老真率会”在潘遵祁的三松堂举办，参加者有顾文彬、潘遵祁、蒋德馨、彭慰高、吴艾生、吴嘉椿、潘曾玮，“期而未至任筱园”[1]。筱园是宜兴人任道熔的字，此次雅集他并未参加。这次聚会，潘遵祁手剪娑罗花分赠来宾，并首吟七律两章，顾文彬与诸友各有和章，还请顾沄画《西圃看花图》。光绪十一年至十三年，李鸿裔、潘曾玮、彭慰高相继过世。光绪十五年，顾文彬告别了这个世界。

随着真率会成员的相继离世，他们的风雅也随之飘远。书札、日记的文字让我们触摸到历史的余温，感受到苏州文脉的厚重与绵延，而真率会图卷中栩栩如生的风云人物更令人遐想联翩。

1 （清）顾文彬：《过云楼日记》（点校本），文汇出版社2015年版，第546页。

智永《真草千文》卷入藏过云楼始末

2016年12月，智永《真草千文》卷亮相于由苏州博物馆、故宫博物院、上海博物馆等多家文博单位联合举办的“烟云四合——清代苏州顾氏的收藏”特展上，以其年代久远及名家作品的背景深深吸引了无数书法爱好者。这件过云楼藏品经过一百四十五年的风雨洗礼，能完好如初地展现于世人面前，得益于历代过云楼主人的珍爱与守护。说起智永《真草千文》卷入藏过云楼，也有一段鲜为人知的故事。

初见《真草千文》

顾文彬是过云楼和怡园的第一代主人，撰有《过云楼书画记》，讲述了他与书画的缘分及其对书画的鉴赏，其中不乏真知灼见。而王羲之七世孙智永的《真草千文》卷被他置于《过云楼书画记》卷首，可见这是他非常看重的一件宝物。顾文彬对收藏此卷的时间与过程做

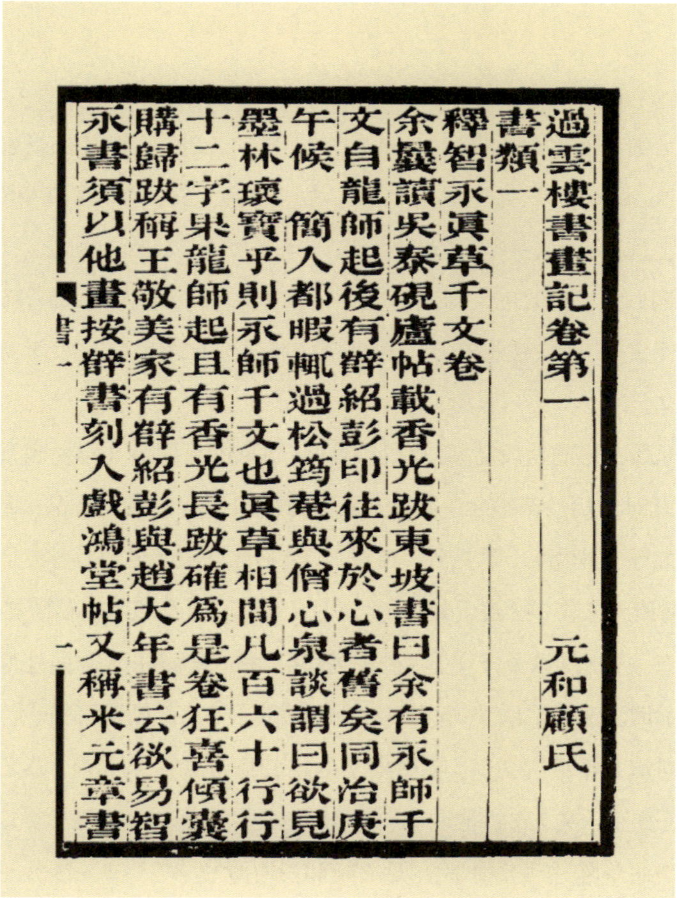

過雲樓書畫記卷第一　元和顧氏

書類一

釋智永眞草千文卷

余纍讀吳桼硯廬帖載香光跋東坡書曰余有永師千文自龍師起後有辯紹彭印往來於心者舊矣同治庚午候　簡入都暇輒過松筠菴與僧心泉談謂曰欲見叢林瓌寶乎則永師千文也眞草相閒凡百六十行行十二字枭龍師起且有香光長跋確爲是卷狂喜傾囊購歸跋稱王敬美家有辯紹彭與趙大年書云欲易智永書須以他畫按辯書刻入戲鴻堂帖又稱米元章書

《过云楼书画记》书影

了较为细致而生动的描述："同治庚午，候简入都，暇辄过松筠庵与僧心泉谈，谓曰：'欲见墨林瑰宝乎？'则《永师千文》也。真草相间，凡百六十行，行十二字；果'龙师'起，且有香光长跋，确为是卷。狂喜，倾囊购归。"[1]同治庚午即同治九年（1870），《永师千文》即《释智永真草千文卷》，顾文彬在日记和书信中将之简称为《千文》，世称《真草千文》。

据顾文彬的这段文字，可以得出这样的结论：同治九年他到京城等待起复时，从松筠庵的心泉和尚手里购得智永这幅传世作品。那么事实确如顾文彬所言，是见到《真草千文》后当场买下的吗？答案是否定的。阅读顾文彬的《过云楼日记》《过云楼家书》及顾承书信等档案文献中有关智永《真草千文》卷的记载，可知顾文彬从心泉和尚处得到这幅作品时，略有波折，并非"狂喜，倾囊购归"这么果断而爽快。

同治九年五月初四，顾文彬来到松筠庵拜访心泉和尚，心泉拿出智永《真草千文》卷给他欣赏，见到后他是什么样的心情呢？顾文彬在日记中简单陈述当日情形，"见心泉和尚所藏智永《千文》卷墨迹"[2]，没有流露出更多的感情色彩。但他在五月十四日给顾承的信中则表达了强烈的愿望："心泉和尚藏有智永《千文》墨迹纸本卷，后有思翁两

---

1 （清）顾文彬，（民国）顾麟士：《过云楼书画记·续记》，江苏古籍出版社1999年版，第1页。
2 （清）顾文彬：《过云楼日记》（点校本），文汇出版社2015年版，第23页。

长跋，另有王孟端山水卷，长三丈，皆罕见之物，欲蓄意图之。”[1]由此可见，他认为智永《真草千文》卷是上等精品，“蓄意图之”四个字足以表露他内心的“占有欲”。思翁指董其昌（字玄宰，号思白，别号香光居士）。顾文彬读过吴泰的《砚庐帖》，此书记载了董其昌的题跋：“余有《永师千文》，自‘龙师’起，后有薛绍彭印。”从此智永《真草千文》卷就成了他的心魔。

心泉和尚是佛门中人，但书画艺术造诣颇高，收藏了诸多历代书画珍品，与何绍基等京城官员、文人都有交往。顾文彬称赞心泉“赏鉴亦精”，故在京城七个月的时间里两人会晤达十三次之多，还有两次顾氏到松筠庵拜访未遇。他还请人转书画给心泉，请他帮助鉴定。书画就如一根红丝线，把一个官场中人与出家之人系在一起，他们共同品鉴书画，判断真伪，其乐融融。有一次心泉评判顾文彬新得的元代著名画家倪瓒和黄公望作品，断定“倪真黄赝”，与顾氏的意见一拍即合。这幅黄公望卷轴是顾文彬花费二十两银子才得来的，也是他唯一“在京出重价而误收伪迹”的作品，为此顾文彬在日记中作眉批予以说明。同治九年六月初二，顾文彬再次登门，将明四家之一沈周的《吴中草堂》带给心泉鉴赏，同时他又观赏了智永《真草千文》卷。其时心泉因境况窘迫，逐渐出卖藏品，有的托德宝斋等古董店铺

1 （清）顾文彬：《过云楼家书》（点校本），文汇出版社2016年版，第14页。

出售，有的就直接与对方交易。他见顾文彬对《真草千文》卷情有独钟，便有意相让，两人开始谈判，最后以“一百五十金”成交，顾文彬当即带回寓所。

有意思的是，才过两天，他又将此卷还给心泉，理由是“无从张罗价值”，言下之意，是他口袋里的银子不够啊。客观地说，那时顾文彬在京城的生活并不宽裕，曾数次要求顾承从苏州寄中下等书画作品到京城，想以出售书画所得贴补日常开销。但当时顾文彬与吴云、李鸿裔、潘曾玮等人共同参与了盛宣怀经营的典当生意，还不至于因为手头紧张而放弃所爱的字画，而且在书画上推陈出新、精益求精是顾文彬一贯的主张。因此，顾氏说没有办法筹到钱，并不完全符合事实。

心泉比较信任德宝斋，在这里寄售翁方纲手书《金刚经》等字画。同年七月二十七日，顾文彬花费四十五两银子从德宝斋购得恽寿平（号南田）的山水袖卷，这也是心泉寄售的。顾文彬在当天的日记里留下一笔，说心泉的藏品中以“南田山水袖卷、又山水小册、又花鸟册三种为最，皆为余物色得之。心泉书画恐从此减色矣。余所欲购未成者，只智永《千文》卷，然究非开门见山之物矣”[1]。顾文彬得意自己收购了心泉所藏的上等书画，“非开门见山之物”则流露出了他归还智永《真草千文》卷的真实原因。换言之，《真草千文》卷就是不能一目了

1 （清）顾文彬：《过云楼日记》（点校本），文汇出版社2015年版，第39页。

然、一见辨真伪的东西，所以，顾文彬退还《真草千文》卷，有经济拮据的因素，更有对作品价值的考量。

复得《真草千文》

鉴赏书画真伪，并非易事，既要有丰富的书画知识，又得有高超的鉴别能力，有时两个高手对同一件作品的判断也不一致。比如，对顾文彬以“四金”所得论古斋的沈周水墨山水立轴，三位高手就各执己见：店主以为是赝品，心泉也“疑为伪”，顾氏认为是真迹，故他感叹“真识之难”。同治九年五月二十八日，顾文彬以八十两银子从论古斋购得宋拓《定武兰亭》和王翚《十万图》，称这是他近日最开心的事情。他对顾承讲，虽然八十两银子是个不小的数目，但“兰亭所值已不止此”。尤其让顾文彬高兴的是，心泉“见之，谓值百金也”。同样，翁同龢观赏了《定武兰亭》后，在日记中写道：“不敢定也。”

尽管顾文彬因为心有疑惑而退还了《真草千文》卷，但并没有将其彻底放下。从同治九年五月初四顾文彬初见《真草千文》卷到次年四月二十三日解京饷委员王绍庭从京城带回顾文彬女婿朱以增的书信及智永《真草千文》卷等物，时间已过去了一年。顾文彬在当天的日记中说：“发函展赏，焕若神明。”用“神明”两字来评价这幅作品，其欢愉而兴奋的心情不言而喻。他再次强调当年在京城是因“客囊窘涩”而不得已放弃这一奇宝的，但之后始终难以释怀，没有一天不牵挂它，可见他经过反复研究，断定《真草千文》卷是智永的墨宝。另外一个因素，则是他出任宁绍台道后，手头也宽裕了，便立即写信给朱以增，请他按原来所议价格向心泉求购。顾文彬怀着一种失而复得的心情说："历来见此卷者，岂无好而有力之人，顾皆弃而弗收，迟之又久，而卒归于余，固由翰墨因缘亦有前定，究由真鉴虽逢，因循不决，如此奇珍，失之交臂。假使余出京后，此卷竟属他人，悔将何及，既自幸又自愧也。"[1]

两天后，顾文彬兴冲冲致函顾承："智永卷反复审玩，的是奇宝。京中赏鉴家不少，蹉跎至今，仍落吾手，殆有夙缘。"[2]同日，顾文彬"题智永《真草千文》墨迹卷"。至五月初四，也就是顾文彬邂逅智永《真草千文》卷一周年之际，他在日记里写上一句："写《智永〈千文〉墨迹卷跋》。"[3]跋者，一般写在书画作品之尾，但不知为何，目前所见的智永《真草千文》卷上并无顾文彬的题跋，只有董其昌和郭尚先、李宗瀚三人的题跋。这又是一个谜。

智永是王羲之子王徽之的后代，家学渊源，尤其善书。苏轼在《书唐氏六家书后》这篇跋文中评价智永的书法："骨气深稳，体兼众妙，精能之至，反造疏淡。如观陶彭泽诗，初若散缓不收，反覆不已，乃识

1 （清）顾文彬：《过云楼日记》（点校本），文汇出版社2015年版，第119页。
2 （清）顾文彬：《过云楼家书》（点校本），文汇出版社2016年版，第44页。
3 （清）顾文彬：《过云楼日记》（点校本），文汇出版社2015年版，第121页。

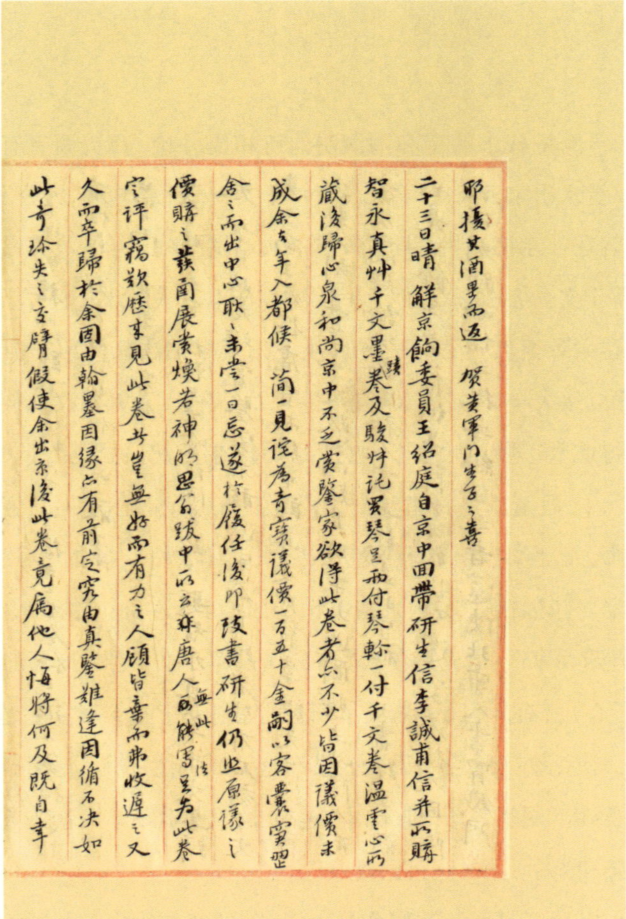

即擾其酒果而返　賀黄軍門生子之喜
二十三日晴　解京餉委員王紹庭自京中回帶研生信李誠甫信并所贖
智永真艸千文墨蹟卷及駿烀託買琴呈兩付琴軫一付千文卷温雪心所
藏後歸心泉和尚京中不乏賞鑒家欲得此卷者亦不少皆因議價未
成余去年入都候　簡一見詫為奇寶議價一百五十金鬮以客囊羞澀
舍之而出中心耿耿未嘗一日忘遂於復任後即致書研生仍出原議之
價贖之蕤閱展賞煥若神明思翁跋中所云殊唐人所（無此）能寫（法）足為此卷
定評竊歎歷來見此卷者豈無好而有力之人顧皆棄而弗收遲之又
久而卒歸於余固由翰墨因緣亦有前定究由真鑒難逢因循不決如
此奇珍失之交臂假使余出京後此卷竟屬他人悔將何及既自幸

过云楼日记　苏州市档案馆藏

其奇趣。”他将智永的字和陶渊明的诗相提并论，以为两者有异曲同工之妙。智永出家云门寺，曾书《真草千文》八百余本，广为分发，绝大多数散落在江东诸寺院，且对日本书法产生深刻影响。董其昌曾是智永《真草千文》卷的主人，他于甲子年（1624）十月二十一日写下跋语，说明此卷大致流转过程——先后从北宋著名书法家薛绍彭流转到画家赵令穰（字大年）、书法家米芾（字元章）手上，董其昌又从同乡宋光禄处获得此卷。明万历进士、收藏家冯铨在董其昌处见到此卷，“赞叹不已”，之后董其昌将它转赠给冯铨。董其昌补充说明：“智永为虞伯施之师，此千文当以虞永兴笔法书之，若作虞书，当寻其源委，于此卷中参究。”虞伯施、虞永兴指虞世南，他与褚遂良、欧阳询、薛稷并称“初唐四大家”。道光七年（1827），《真草千文》卷为刑部郎中温启封（号云心）所有，温氏请嘉庆年间进士郭尚先、同年李宗瀚题跋。巧合的是，李宗瀚在题跋中说，此卷于前年到过他那儿，觉得“古趣盎然”，但疑其“用笔淬厉，非永师本色”，故没有收藏。接着又从温启封转到心泉和尚手上，再归过云楼顾氏。

顾文彬感叹自己与这幅作品的奇缘，“忽据为余有，文字之福未渠央也”[1]，认为他能拥有《真草千文》卷是智永祖护他的结果。因此他十分看重这件宝贝，在同治十年十月二十三日的家书后所附不列号

---

1 （清）顾文彬，（民国）顾麟士：《过云楼书画记·续记》，江苏古籍出版社1999年版，第1页。

家书中，他叮嘱顾承：“细思永师卷，竟是人间至宝，我家甲观，宜秘藏之，切勿轻出示人也。”[1]其实宝物是藏不住的，他的亲家吴云等好友都要求借观，碍于情面，也不能不借啊。顾文彬提醒顾承等吴云为《真草千文》题跋后，“即须讨回，切勿久留在外”[2]。

顾文彬过世后，包含过云楼书画在内的家产重新分配，最后智永《真草千文》卷被其曾孙顾公硕继承。中华人民共和国成立后，顾公硕将它无偿捐献给苏州博物馆。

难辨《真草千文》

顾氏所藏《真草千文》卷是否为当年智永的真迹？苏州博物馆根据展览内容所编辑出版的《烟云四合——清代苏州顾氏的收藏》一书中说：“世传以大观间薛嗣昌刻关中本最为可信，据云即以原本勒石，帖石现藏西安碑林博物馆。而现日本京都小川家藏《千文》墨迹本，据启功先生考证，即为八百本之一。此《千文》墨迹卷首已残，自‘龙师火帝’起，凡160行，行12字，盖为宋以后临本。”

书法家、文学家、金石学家翁方纲素有清朝鉴赏第一人的称号，他对薛嗣昌石刻智永《真草千文》颇有一番评论，认为是北宋人所临：

1 （清）顾文彬：《过云楼家书》（点校本），文汇出版社2016年版，第89页。
2 （清）顾文彬：《过云楼家书》（点校本），文汇出版社2016年版，第88页。

剋念作聖德建名立形端表正
空谷傳聲虛堂習聽禍因惡積
空谷傳聲虛堂習聽禍因惡積
福緣善慶尺璧非寶寸陰是競
福緣善慶尺璧非寶寸陰是競
資父事君曰嚴與敬孝當竭力
資父事君曰嚴與敬孝當竭力
忠則盡命臨深履薄夙興溫清
忠則盡命臨深履薄夙興溫清
似蘭斯馨如松之盛川流不息
似蘭斯馨如松之盛川流不息
淵澄取映容止若思言辭安定
淵澄取映容止若思言辭安定
篤初誠美慎終宜令榮業所基
篤初誠美慎終宜令榮業所基
籍甚無竟學優登仕攝職從政
籍甚無竟學優登仕攝職從政
存以甘棠去而益詠樂殊貴賤
存以甘棠去而益詠樂殊貴賤
禮別尊卑上和下睦夫唱婦隨
禮別尊卑上和下睦夫唱婦隨
外受傅訓入奉母儀諸姑伯叔

浮渭據涇宮殿盤鬱樓觀飛驚
浮渭據涇宮殿盤鬱樓觀飛驚
圖寫禽獸畫綵仙靈丙舍傍啓
圖寫禽獸畫綵仙靈丙舍傍啓
甲帳對楹肆筵設席鼓瑟吹笙
甲帳對楹肆筵設席鼓瑟吹笙
升階納陛弁轉疑星右通廣內
升階納陛弁轉疑星右通廣內
左達承明既集墳典亦聚群英
左達承明既集墳典亦聚群英
杜稾鍾隸漆書壁經府羅將相
杜稾鍾隸漆書壁經府羅將相
路俠槐卿戶封八縣家給千兵
路俠槐卿戶封八縣家給千兵
高冠陪輦驅轂振纓世祿侈富
高冠陪輦驅轂振纓世祿侈富
車駕肥輕策功茂實勒碑刻銘
車駕肥輕策功茂實勒碑刻銘
磻溪伊尹佐時阿衡奄宅曲阜
磻溪伊尹佐時阿衡奄宅曲阜
微旦孰營桓公匡合濟弱扶傾
微旦孰營桓公匡合濟弱扶傾
綺迴漢惠說感武丁俊乂密勿

贊歎不已真是頂門眼因以歸之
甲子十月廿一日書於長安邸
西山館 董其昌
智永爲虞伯施之師此
千文嘗以虞永興筆法書
之蓋作虞書當求其源委
於此卷中參究
其昌又識

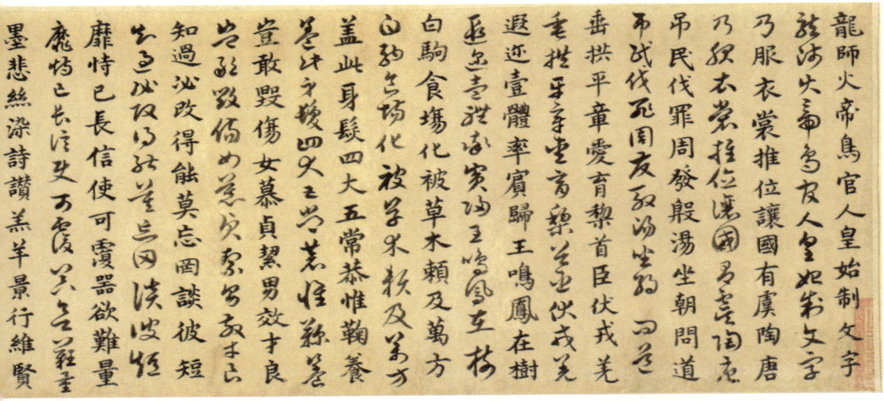

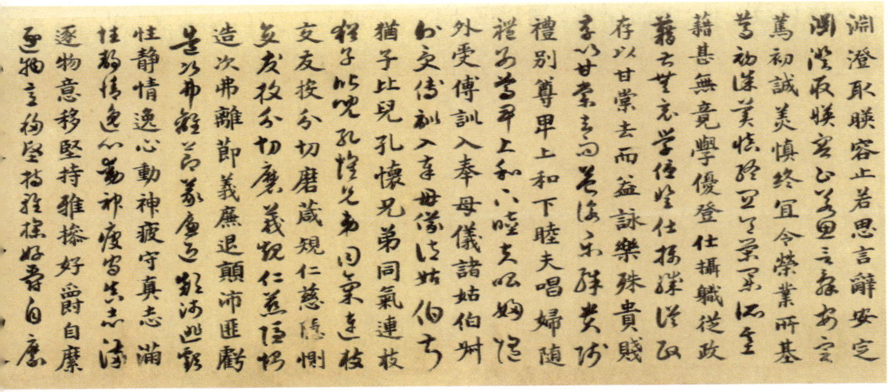

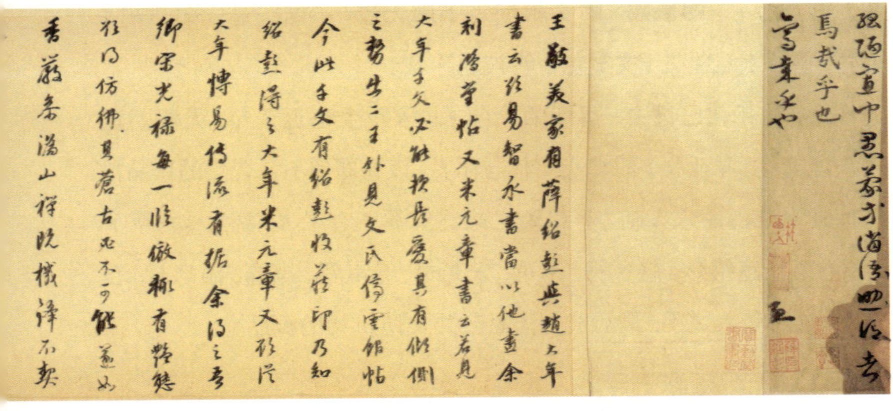

《真草千文》卷　苏州博物馆藏

"疑其用笔太过圆熟，未必隋人所书……决为宋初人书无疑。盖北宋初年之书迹，至大观已是百余年前旧纸墨。薛氏不暇深考，遂以入石。后人因薛氏所刻，踵而信之，从无纠正之者，遂使北宋人书冒铁门限之名留传至今耳。自古书家，唐以前正楷，若钟之《力命》、王之《乐毅》，皆笔笔自起自收，开辟纵擒，起伏向背，必无千字一同之理。至宋以后，乃有通体圆熟之书。"[1]

顾文彬认为既然翁方纲判断薛氏石刻《真草千文》为伪，那么反之可以证明自己手上这卷为真，可惜翁方纲没有见到此卷，更遗憾不能邀请他一起鉴赏。他还曾引用董其昌跋语之意，说"唐人无此写法，足为此卷定评"[2]，断定自己收藏的确是智永的真迹。同时他认为鉴赏家初见《真草千文》卷，不敢确定其为真迹，主要受"石刻《千文》先入为主"的影响。顾文彬经手书画无数，不断买进卖出，涤故更新，但智永《真草千文》卷始终被他珍藏。

智永的年代已过去一千五百余年，北宋距今也近千年，无法断定这卷智永《真草千文》的真实年代与作者。该卷即使不是晋代的作品，也是极为难得的宋人临本。翰墨之缘终究属于有缘人，智永《真草千文》卷历经薛绍彭、赵令穰、米芾、宋光禄、董其昌、冯铨、温启封、心泉、顾文彬等人之手，最后成为国家公共文博机构的藏品。

---

1 （清）顾文彬：《过云楼日记》（点校本），文汇出版社2015年版，第119页。

2 （清）顾文彬：《过云楼日记》（点校本），文汇出版社2015年版，第119页。

任熊《姚大梅诗意图》真迹之谜

1959年，清代著名画家任熊的杰作《姚大梅诗意图》（十册，简称“故宫藏本”）入藏故宫博物院，经徐邦达、刘九庵、王以坤等先生鉴定，此图被列为一级文物。1953年，故宫还收藏了《姚大梅诗意图》临摹复制本（绢本，六册，120开，简称“资料本”）。多年前，民间出现了有吴昌硕题跋的《姚大梅诗意图》（六册，简称“吴题本”）和倪田临摹的《姚大梅诗意图》（十册，简称“倪临本”），中国嘉德国际拍卖有限公司于2011年秋天同时展出吴题本与倪临本，引起书画界轰动。于是，关于《姚大梅诗意图》的真伪一度引发争论，莫衷一是。故宫博物院杨新先生在2013年第7期《文史知识》上发表《任熊〈姚大梅诗意图〉真本在故宫》一文，认为故宫藏本由专家鉴定为真本，并就绘画艺术水平对故宫藏本、资料本和吴题本进行详细的对比、分析，得出故宫藏本为真迹的结论，且以顾文彬收藏《姚大梅诗意图》及传给其子顾荥没有文献依据，故断定吴题本为临摹之作。学者庞志英先生早在2005年第7期《中国书画》上发表《任熊〈姚大梅诗意图册〉初探》一文，从形制、装裱、题跋、绘画艺术及相关文献记载等方面对比故宫藏本和吴题本，得出吴题本为过云楼藏本，也即真本的结论。杨新、庞志英两位先生从书画艺术等不同角度对两图的优劣与差异进行比较分析，得出迥异的观点。那么《姚大梅诗意图》真迹到底在哪里？是故宫藏本，还是吴题本？

顾文彬笔下的《姚大梅诗意图》

据《过云楼日记》记载，同治十一年（1872）十一月十九日，时任宁绍台道的顾文彬以“三百六十元得任渭长六本，为快心之事”[1]。任渭长即任熊（1823—1857），他是浙江萧山人，号湘浦，为任薰之兄。因父亲早逝，任熊上要侍奉老母，下要抚养弟妹，生活困顿，以卖画为生，因画艺高超，受到时人的追捧，为“海上四任”之一，又与朱熊、张熊并称“沪上三熊”。

顾文彬日记中提到的任熊六本是否就是《姚大梅诗意图》？再查考顾文彬家书，根据同月二十一日他致顾承的书信中有关任熊的描述，可以断定此六本即任熊为姚燮私人定制的《姚大梅诗意图》。顾

1 （清）顾文彬：《过云楼日记》（点校本），文汇出版社2015年版，第208页。

任熊自画像

文彬宦游期间的家书都有编号，在第一百四十号家书后附不列号家书一通，提到任熊《姚大梅诗意图》的来源及交易情况：

任渭长为姚梅伯画摘句图一百二十页，分为六册，绢白板新，昔年在上海曾见之，后归慈溪冯氏，近为古董家购出，我以三百六十元得之，明知价昂，然一放出去，必到上海，决为黄鹤不返，故忍贵得之。此册渭长寓梅伯家中所作，每夕宾主斟酌稿本，翌日构写，阅两月余而成。梅伯诗境奇丽，渭长画境足以副之，遂为生平杰作，较之老莲，已有出蓝之胜。他若冬心、两峰、新罗素称奇诡者，视此皆拜下风矣，决为本朝一大家。五百年后，声价不在四王下也。反复展对，百读不厌，所谓足吾所好玩而老焉者，此六册足以当之矣。[1]

《姚大梅诗意图》是诗人姚燮与画家任熊合作的产物。姚燮（1805—1864），字梅伯，号复庄，别署大某山民、大梅山民、大某、某伯、二石生等，著《复庄诗问》。任熊经友人周闲介绍，结识姚燮，诗人与画家一见倾心，相见恨晚，任熊在《姚大梅诗意图》题跋中说："余爱复庄诗，与复庄之爱余画，若水乳之交融也。"任熊应邀住在姚燮的大梅山馆，有一个阶段他们每天晚上论诗谈画，研究布局，"灯

1 （清）顾文彬：《过云楼家书》（点校本），文汇出版社2016年版，第201页。

下构稿，晨起赋色”。经过两个多月的努力，任熊根据姚燮诗歌内涵绘成《姚大梅诗意图》一百二十帧，每幅画上题写姚燮诗句。据任熊题跋，时间为咸丰元年（1851）正月十五日，按两月余才完成的说法，那么这幅作品可能始于道光三十年（1850）十月。所谓诗情画意，莫过于任画家与姚诗人的“天作之合”，两人的审美情趣、艺术思想通过任熊的笔墨与姚燮的诗句表达得淋漓尽致，可谓珠联璧合。顾文彬提到的老莲即明末清初著名书画家、诗人陈洪绶。任熊绘画初宗陈洪绶，后出入宋元诸大家，形成自己的风格。在顾文彬眼里，任熊已然是青出于蓝而胜于蓝的高手了。冬心、两峰、新罗分别指金农、罗聘、华喦三位清代扬州八怪画家，顾文彬认为任熊凭《姚大梅写意图》已经超过这三位久负盛名的画家，并预言五百年后任熊的声名不会在王时敏、王鉴、王翚、王原祁（四王）之下。过云楼一般不庋藏绢画，对明四家的绢画作品尚且十分挑剔，何况是同时代其他画家的作品了，但任熊《姚大梅诗意图》却是个例外（且是被高价收购的），足见顾文彬对这幅作品的珍视与喜爱。

顾文彬在同治十一年十二月初二的家书中再次提及此画：“渭长画册查有九莲地府袄神火，即是阎王监视油镬刀山各种地狱，一幅，非两幅也。图书有熊字单名，任渭长三字小连章，皆阳文，渭长及渭长氏两章，皆阴文，共四方。细审画笔及题款之字，决非他手所能，其为真

九莲地府祆神火　钤“熊”朱文方印　故宫藏本

姚魏天潢衍洛中　钤“渭长”白文方印　故宫藏本

迹无疑。又有韦光黻、沈钰、曹岣等跋，皆逼真。"[1]图书，即钤印。根据姚燮的好友熊松之于同治元年在《姚大梅诗意图》上的题跋所言，此册已为"冯君升书所有，升书好古，闻所收弆甚富"[2]。

从顾文彬日记和家书所透露的信息中，可以得知《姚大梅诗意图》完工于咸丰元年正月，至同治元年已被冯升书收购，又过十年至同治十一年被顾文彬庋藏。从此册诞生到庋藏于过云楼仅二十一年，时间短暂，流转过程相对简单清晰，画册来源可靠，因此顾氏收藏的《姚大梅诗意图》应该是真迹绢本。此本共六册，画上有"熊""任渭长""渭长""渭长父"（由于篆书"父"与"氏"颇为相似，顾文彬书信稿本误将"父"写为"氏"了）四个钤印，又有韦光黻、沈钰、曹岣等人的题跋。虽然顾文彬没有写出所有题跋者的名字，但他依据任熊、熊松之题跋的内容而写下任氏绘就此图及后归冯氏的细节，如"每夕宾主斟酌稿本，翌日构写，阅两月余而成"等。据此，可以断定此图上除了顾氏提到的三个人所写的跋外，尚有任熊和熊松之的题跋。

各方临摹《姚大梅诗意图》

目前故宫藏本为十册，除任熊自跋外，有熊松之、曹岣、沈钰、李

1　（清）顾文彬：《过云楼家书》（点校本），文汇出版社2016年版，第205页。
2　故宫博物院编：《故宫藏姚大梅诗意图》，故宫出版社2013年版，第6页。

鸿裔、吴云等人题跋，其中吴云、李鸿裔的题跋时间分别为光绪二年（1876）与光绪十年，均为顾文彬辞职回乡后。而吴题本为六册，除有任熊、熊松之、吴云题跋外，还有韦光黻、吴昌硕题跋，故宫藏本与吴题本上任熊、熊松之、吴云三人跋语一致。吴题本六册均有吴昌硕题签“任君渭长画大梅山民诗意”，有吴昌硕用隶书书写的扉页“画中有诗”。吴昌硕还写下诗跋：

大某山民贞之郎，诗笔突兀驱蛟虬。
自恨六法欠奇特，吟罢坐赏天葩秋。
山阴任子画谁匹，诗中直演李长吉。
蛇神牛鬼墟莽游，天门轶荡弹宝瑟。
诗人画者骨已寒，披图一恸摧心肝。

吴昌硕在题诗后进一步说：“此渭长任君画姚大某诗意百廿叶，装六册，山水人物花卉，靡不各尽离奇之态。天惊地怪见落笔，少陵之语有自来也。鹿笙九兄珍藏。属吴俊卿题。”吴昌硕初名俊，又名俊卿，字昌硕，别号仓石、苍石、昌石，以字名世。从吴氏题跋中可知，吴题本的主人是顾荥。顾荥，字筱珊，号鹿笙，别号幼闇、幼庵，是顾文彬的侍妾浦氏所生，行九。精于鉴赏，善于篆刻，室名汉玉钩室，与吴昌硕、陆恢、倪田等人交往密切。

吴昌硕为任熊《姚大梅诗意图册》题扉页　吴题本

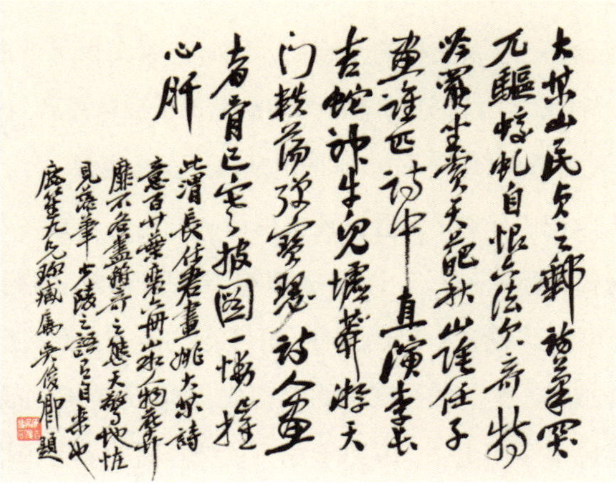

吴昌硕为任熊《姚大梅诗意图册》题诗跋　吴题本

过云楼云集顾沄、胡锡珪、陆恢、吴昌硕等画坛领军人物，这些画家经常欣赏、临摹过云楼藏画，尤其是顾沄常年被顾家父子邀请临摹古画，顾承也应顾文彬的要求临摹名画。顾文彬还想请任熊之弟任薰临摹陈洪绶的罗汉卷，目的是将任薰的临摹本与过云楼收藏的任熊“诸仙祝寿卷裱成一对”。同治十二年九月初七，顾承自苏来杭，探望正负责浙省秋闱的父亲，顾文彬叮嘱他回苏后催促任薰加紧完成《花天跨蝶图》，并“以渭长册许借饵之”，由此可见《姚大梅诗意图》在顾文彬与任薰心目中的分量。《姚大梅诗意图》也引起顾文彬好友们的兴趣，光绪二年四月十五日，《姚大梅诗意图》被沈秉成借去欣赏，九月又被吴云借去。顾文彬的亲家吴云经常向顾文彬父子借观过云楼字画，并鉴赏题跋，吴云还将《姚大梅诗意图》给林福昌，让其临摹。因此，《姚大梅诗意图》不同版本的出现属于正常现象。

复旦大学图书馆藏《任渭长姚梅伯诗画合璧》是吴兴人钱辛的临摹之作。这幅作品共一百二十页，分搜神、怀古、仰贤、写艳、留影、博物六部分，可能是原来六册的排序，也可能是钱辛自己有机组合的。按钱氏序文所言，这些图分三次临摹而成，1895年前后临摹了六十张图，1924年临摹了四十张，1925年夏天从林福昌儿子手中借得二十张临摹，这样凑齐了《姚大梅诗意图》一百二十幅。钱氏临摹本上收录了任熊、曹岣、沈钰的跋及林福昌作于光绪十四年的跋，林福昌临摹的《姚梅伯诗意图》在丁丑、戊寅年间（1877—1818）“先后为张子青枢相索去二十页，李香严廉访索去四十页，杜小舫观察索去二十四页，沈仲复中丞索去六十页”[1]，因此顾文彬的好友张之万（字子青）、李鸿裔、杜文澜（字小舫）、沈秉成手上都有零散的临摹之作。

光绪十四年仲冬，林福昌在吴云的两罍轩写下序言，说他的临摹之作被张之万等人要去后他又临了数十图，“茶阑酒余，出以展玩”。数年后再度临摹，凑成原图一百二十页，“介修梅阁主人以归之”，这一百二十幅又被梅阁主人要去。一临再临，最后传给儿子林介侯一百零四张。由此可见，《姚大梅诗意图》临摹之作不只一份。

顾文彬父子收购书画后还喜欢做一件事情，即重新组装，如将题材、大小、内容相似，风格相近的书画装裱成册成对，有时则将题跋之类的重新装裱到不同的画上，李鸿裔、吴云、沈秉成、潘曾玮等好友经常为过云楼的藏品题咏。顾文彬曾请董小苑绘就绢本《花天跨蝶图》，请何绍基、潘曾莹、吴云等同年、友朋题跋，但他嫌董画家笔法尚嫩，故又请任薰重画，并将旧图的题跋重新装裱到任薰的《花天跨蝶图》上。光绪元年四月，顾文彬卸下宁绍台道的职务回到吴门，与李鸿裔、吴云等同道中人组织真率会，彼此借观书画、诗酒唱酬、题咏鉴赏。由于他们都受过传统文化教育，写得一手好字，又能吟诗作词，故经常为彼此的珍藏题跋。

1 《任渭长姚梅伯诗画合璧》林序，世界书局1926年版。

真伪《姚大梅诗意图》

故宫藏本与吴题本到底哪本是真迹？哪本是临摹之作？虽然杨新先生、庞志英先生各执一词，但他们所使用的证据都有失偏颇，且更多的是从书画艺术方面进行评判。笔者从档案文献的角度断定过云楼顾氏收藏的《姚大梅诗意图》为真本，以下就《姚大梅诗意图》的册数、题跋、钤印、流转做一些粗浅的分析。

一是关于册数问题。吴题本与故宫藏本有六册与十册之别。六册之说，与当年顾文彬收藏的册数一致。与顾文彬同时代的苏州老乡徐康在他的《前尘梦影录》一书中，也提到自己曾两次到怡园欣赏六册本《姚大梅诗意图》。顾文彬对此册十分欣赏，称之为年老时把玩的宝贝，因此没有将其重新拆分为十册的必要。如果要重新拆装，按照顾文彬一贯的做法，他会指示顾承如何操作，但无论在日记还是家书中，都没有这方面的信息。因此，即使重拆也是在光绪元年四月顾文彬从宁波回苏州之后的事情。顾文彬回苏后的日记相对简单，尤其是光绪七年后，他基本上是一月一记，严格意义上讲这已不是日记，而是月度大事记了。然而，册数不是关键问题，对收藏家来说，将其保持原貌或者重新拆装成其他册数，都有可能，并不能作为判断画册真赝的依据。

二是关于题跋问题。首先是题跋多寡的问题。故宫藏本与吴题本的题跋与顾文彬当时的记载有点出入，顾文彬收藏《姚大梅诗意图》时记录上面有韦光黻、沈钰、曹岣等人题跋，目前故宫藏本与吴题本上除均有任熊、熊松之、吴云的题跋外，故宫藏本有沈钰、曹岣、李鸿裔的题跋，而吴题本则有韦光黻、吴昌硕的题跋，吴云、李鸿裔、吴昌硕的题跋均在光绪二年之后，因此无论故宫藏本还是吴题本上的题跋均与顾文彬收藏之初的不一样。其次是题跋重组的问题。为了让临摹本显得真切，顾文彬父子收藏《姚大梅诗意图》后，极有可能将题跋重新拆装。为了尽可能保留原画的本来面目，他们对题跋的分配应有一定的取舍。那究竟是如何取舍的呢？任熊自跋定然保留，而熊松之的题跋体现了此图的流转，也可能会保留，韦光黻、沈钰、曹岣三人之间则有意选择或任意选择其一二，如此，原图、临摹本的题跋可能组合为：任熊、熊松之、韦光黻，沈钰、曹岣；或者是任熊、熊松之、沈钰、曹岣，韦光黻；或者是任熊、沈钰、曹岣，熊松之、韦光黻。应该说题跋有被拆分重组成各种各样的可能。再次是题跋真伪的问题。假设故宫藏本是真的，那么任熊、沈钰、曹岣的题跋是真的，韦光黻的题跋被拆装到吴题本上，而熊松之的题跋有可能在故宫藏本上，也有可能在吴题本上，同时吴题本上任熊的题跋是临摹的。杨新先生认为沈钰的题跋中提到同观的韦光黻，故吴题本伪造了韦氏的题跋，显然这个说法不成立，前面已从顾文彬日记中找到《姚大梅诗意图》上有韦跋的依据。同样，不能因为找到画上吴昌硕题跋的依据而断定吴题本必为真本。尤其需要指出的是，故宫藏本和吴题本上的吴云与李鸿裔的题跋都应该是真迹，凭顾文彬与他俩的交情，请他们在真本和临摹本上都题跋并非难事。但故宫藏本与吴题本上吴云的题跋有可能存在一真一赝的情况，因为同一个人题跋的字迹大小、书写方式完全一致的可能性不是很大。

三是关于钤印问题。顾文彬当年在家书中明确告诉顾承《姚大梅诗意图》上有四种钤印，其中“熊”“任渭长”为朱文，“渭长”“渭长父”为白文。2010年上海人民美术出版社出版的《姚大梅诗意图册》（吴题本）的一百二十幅图上分别盖有“熊”“任渭长”两个朱文印，“渭长”“渭长父”两个白文印，但“任渭长”是普通的长方形印章，并非顾氏当年记载的“小连章”。故宫博物院网站上汪亓撰写的《任熊姚燮诗意图第一册》一文介绍：“此套共十册，每册十二开，每开除录有姚燮诗句外，还分别钤‘熊’朱文印或‘渭长’白文印。”似乎故宫藏本只有两种钤印，但从故宫出版社出版的《故宫藏姚大梅诗意图》一书中发现，除“熊”朱文印、“渭长”白文印外，在“披头女孛骑淫虹”“香象无杀机，三灵共恩眷”两图上有“任渭长”朱文联珠印（篆刻专家认为联珠印即小连章），在“七宝天门帝女车”“拥髻推奁倦未梳”两图上有“渭长父”白文印，虽然仅两种、四个钤印，但至少与顾文彬记载一致。从理论上讲，只有真本保留钤印的原貌，而临摹的可能有所不同，钤印也是判断画册真伪的重要凭据之一。

香象无杀机，三灵共恩眷　钤印“任”“渭”“长”朱文方联珠印　故宫藏本

七宝天门帝女车　钤“渭长父”白文方印　故宫藏本

四是关于流转问题。杨新先生认为没有资料表明《姚大梅诗意图》是顾文彬所藏并传给顾荥，他根据吴云和李鸿裔的题跋，说“吴云的题记中说，他是‘借观’，之后的李鸿裔则应是收藏者，但跋中未说明是从何而来”[1]，故推断故宫藏本是李鸿裔所有。按顾文彬的习惯，凡是重大的书画交易都会在日记和家书中留下一笔，目前已出版的《过云楼家书》截止时间为光绪元年四月，而顾氏日记的时间截止到光绪十年十一月，也就是说在光绪十年之前无论家书或日记中都没有转让给李鸿裔的记录，而李鸿裔题跋的时间为甲申长至，即光绪十年夏至——当然也可能是顾文彬没有记录。在没有真凭实据的情况下，不能因有李鸿裔的题跋而断定《姚大梅诗意图》为李氏收藏。反之，作为顾文彬的幼子，顾荥有可能继承《姚大梅诗意图》。

揭开《姚大梅诗意图》谜团

晚清画家倪田与顾文彬六孙顾麟士交好，是怡园画社中的坚定分子，倪田在临摹的《姚大梅诗意图》上留下这样的话：“庚寅正月余来吴门，下榻顾氏怡园，与主人订书画金石之交。出此相视，因借临之，自春迄冬始得毕其事。”庚寅是光绪十六年，是年正月，以吴大澂为第一

1 《文史知识》2013年第7期，第113页。

任社长的怡园画社开始雅集，故倪田提到的主人即为顾文彬之孙顾麟士，倪田花了近一年时间临摹《姚大梅诗意图》。据业内专家分析，倪田临《姚大梅诗意图》是以故宫藏本为临摹范本的，倪田临摹本与故宫藏本均为十册，每册十二开，题材内容顺序基本一致。既然是"书画金石之交"，又是同道，顾麟士不可能借临摹本给倪田，这说明过云楼藏本《姚大梅诗意图》已为顾麟士所有，且册数已从六册变为十册。

徐康的《前尘梦影录》始写于光绪十一年夏，成于次年三月初三，他在书中说道："渭翁画本最多，顾艮庵世丈，藏有六大册……余在怡园展阅二次。"[1]徐康到怡园看《姚大梅诗意图》的具体时间不能确定，但在光绪十一年夏天之前无疑。杨新认为李鸿裔收藏了《姚大梅诗意图》，而李鸿裔逝于光绪十一年，故李鸿裔收藏此画的可能性微乎其微。

综上所述，故宫藏本来自过云楼，且是真迹无疑，钤印是最为关键的证据——吴题本上没有顾文彬所说的"任渭长"小连章。不妨做此推断，过云楼庋藏《姚大梅诗意图》后，顾文彬父子请人临摹，临摹本保持原貌，而将原图有机组合，改为十册装，同时将任熊、熊松之、韦光黻、沈钰、曹峋题跋分别装裱在原图和临摹本上。原图上题跋并不完整，已非当年的原貌；吴题本虽为临摹本，但题跋有真有赝，至少

1 （清）徐康：《前尘梦影录》，中国美术学院出版社2000年版，第137—138页。

韦光黻、吴昌硕的题跋是真的。封建社会等级森严，庶出的顾荥获得《姚大梅诗意图》临摹本，也即吴题本，真本则为嫡出的子孙顾麟士所有。“一般不为外界所知”的故宫所藏资料本，除缺少李鸿裔的两个题跋外，其题跋与故宫藏本一致，所以可推测这个所谓的资料本也是最初的临摹本之一。

由于文献史料有限，缺少过云楼收购《姚大梅诗意图》后进行组装、临摹的详细资料，既无法得知册数改装、题跋重组的时间，也无从得知哪位画家临摹的吴题本以及到底有多少种临摹本。更因没有顾文彬和顾麟士的财产分配文书，无法获得过云楼书画的归属信息，故不能得出完全符合事实真相的观点。只是在确认顾文彬收藏的《姚大梅诗意图》为真迹的前提下，根据《过云楼日记》《过云楼家书》等文献资料，就故宫藏本与吴题本的册数、题跋、钤印等方面进行比较分析，得出故宫藏本为真迹的结论，尽可能离真相近一点。期待更多顾文彬、顾麟士及其同时代人相关文献资料的出现，彻底破解《姚大梅诗意图》的流转、真赝之谜。

顾文彬与秦缃业的书画交易

过云楼收藏名闻天下，其书画是怎样来的？通读《过云楼日记》《过云楼家书》《顾承信札》及过云楼友朋信札等档案文献，可获知这样的信息：大部分是通过购买得来，小部分是交换所得。其中清代无锡籍书画家秦缃业与顾文彬的书画交易颇为频繁，尤以唐寅《王文恪出山图》（以下简称《出山图》）的交易经过特别曲折有趣。

秦缃业出场

同治九年（1870）三月，顾文彬进京等待起复，至十月二十日接到补授宁绍台道缺的“任命书”，一个月后即动身离京回苏。十二月十七日，顾文彬路过黄埠墩，这是位于无锡古运河中的一个小岛，因春申君黄歇曾在此疏治芙蓉湖而得名。墩为圆形，面积二百二十平方米，用石砌驳岸，四面环水，风景绝佳，是南来北往的必经之地。十多年前，顾文彬曾到过此地。这次南归，他心情更是愉快，遂停舟一游。

曾毁于太平天国运动的黄埠墩由李鸿章集资重建，如今“飞阁临丹，视昔年更胜。楼上供奉康乾两朝宸翰，遍皆李中堂补录，此外楹联甚多，颇有佳者”[1]，顾文彬在当天的日记中对此称赞不已。他还特地抄录了秦缃业所撰的楹联：“两水中分孤屿白，四山回望一楼青”。这是秦缃业第一次出现在顾氏的日记中。同治十年正月，顾文彬就任宁绍台道后，秦缃业开始频频出现在他的日记和家书中。顾文彬与秦缃业作为同在浙江为官的江苏老乡，又为书画同道，交往颇为密切。为了这幅《出山图》，两人斗智斗勇，既维护各自的利益和诉求，又不影响同僚、朋友情谊，读来令人忍俊不禁。

秦缃业（1813—1883），字应华，号澹如，能书善画，并爱好收藏书画。道光二十六年（1846）副贡，官至浙江盐运使，后托病而归，不久过世。同治十年正月二十七日，顾文彬在苏州过完新年就赴杭州，向浙江巡抚杨昌濬等领导报到，并与一班同僚相识相见，又开始到处拜客，正月三十日始与秦缃业见面。紧接着两人经常碰头，如在余姚人郑兰、苏州人吴艾生及秦缃业做东的饭局上相聚，又一起到梁敬叔家共赏书画。二月初十，顾文彬到秦缃业家中，刚好有一位姓倪的人送阅书画，“绝无佳品，只携归铜器一件、古钱数枚”。三天后，顾文彬到秦缃

1　（清）顾文彬：《过云楼日记》（点校本），文汇出版社2015年版，第81页。

业处辞行赴宁波就职，从此开始他们的书信往来与书画交易。

同治十一年，远在苏州的顾承写信给顾文彬："见澹如新得六如为王文恪写《出山图》卷，是皖人携至杭州，被澹老六十金买去，即是当日鲍氏后人携苏求售，兰坡还三百千者，今竟为澹老得之，书画之缘，其有定数不浅。"[1]鲍氏即鲍约亭，安徽富商，喜爱收藏。

顾文彬得知消息，遂于同治十二年正月进省城向上级及同僚拜年之际，于十四日拜访秦缃业，"观其所藏十余种，以王叔明《西园图》小立轴、唐六如《王文恪出山图》卷、王孟端《惠山图》卷为最"[2]。王叔明指"元四家"之一的王蒙（字叔明，号黄鹤山樵、香光居士），王孟端指明初大画家王绂（字孟端，号友石生，别号九龙山人），而唐六如即唐寅。虽然顾氏已收藏多幅唐寅的作品，但《出山图》令其爱不释手，十六日他致信顾承："在省数日，忙碌异常，仅于秦澹如寓中观其收藏数件……《出山图》即昔年所见，的是精品。"[3]然而他对《出山图》尺幅不大表示遗憾，在当月二十三日的信中说："六如《出山图》果然精品，然长只二尺许，似尚不及《黄茅小景》也。"[4]有意思的是，过了几个月他又否定自己的观点，说："画之精与不精，岂以大小为断哉？"

1 （清）顾承：《顾承信札》，文汇出版社2018年版，第150—153页。
2 （清）顾文彬：《过云楼日记》（点校本），文汇出版社2015年版，第223页。
3 （清）顾文彬：《过云楼家书》（点校本），文汇出版社2016年版，第220页。
4 （清）顾文彬：《过云楼家书》（点校本），文汇出版社2016年版，第222页。

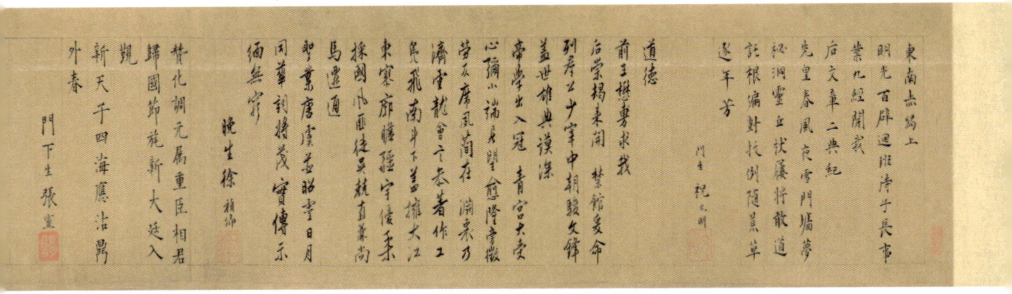
東南亦竭上
明光百辟退班淳于長事
業九經閑裁
后文章二典紀
逐年芳
門生 祝允明
道德
晚生徐 禎卿
門下生 張靈

《出山图》 故宫博物院藏

“图谋”《出山图》

自同治十二年七月二十一日，顾文彬作为浙江省秋闱提调来到杭州，入住提调公寓，至九月二十五日离开，整整两个多月的时间，他都待在杭州，既参与考场事情，又与秦缃业频繁相见，这是他们相处最长的一段时光。其实，顾文彬内心非常不愿意担任提调，究其原因主要是担心收入减少，因为看中宁绍台道这个肥缺的人实在太多，他害怕上级临时派人充任其职。当他从秦缃业信中知道上级领导有意让他做“秋闱提调”的消息时，立即到杭州面见杨中丞，希望考虑其他人选，但杨领导很有一套说辞，说：“汝在湖北充过两次提调，乃是熟手，必须帮我办理。”[1]按照当时的规矩，出任秋闱提调的人必须是科甲出身，且担任实职，而符合条件的只有三人，一人生病，一人有事，顾文彬不得不服从安排。值得安慰的是，他可以带官印进省，一切公事令府中代行，并不另派人员。换言之，上缴完规定的“国税”，多余的钱仍由顾文彬支配。

在杭州的两月，顾文彬与秦缃业既为工作忙碌，又在一起吃饭散心、鉴赏书画，顾文彬更是通过秦缃业的牵线搭桥得到不少珍品。秦缃业将嘉兴张姓古董商介绍给顾文彬，并出示“唐六如湖山清晓巨卷”

1 （清）顾文彬：《过云楼家书》（点校本），文汇出版社2016年版，第267页。

（即下文所提《春晓图》），“实价一百六十元，高一尺三寸左右，长一丈五尺左右，惜是绢本”[1]。过云楼向来只收纸本，不收绢本，因绢本易破损，难于保存。但这幅画却让顾文彬心动了，他对顾承说：“就画而论，所见六如，此为第一。如此巨卷，几无隙地，其认真可知，浑厚中仍饶明秀。石法北宗，余皆参用南宗，决非东村所能捉刀。澹如还过八十元，前途不允，只得让与我看，则其心爱可知也。此卷虽绢本，然亦不可失，购得之后，意欲与澹如婉商，交易其《出山图》。”[2]这是顾文彬首次提到自己“看中”秦氏收藏的《出山图》。有意思的是，顾文彬不仅看中了《出山图》，而且对秦缃业所藏的另一幅王原祁（号麓台）的作品也“虎视眈眈”，“至麓台册即欲设法，亦当在此卷后也”。七月三十日，顾文彬在日记中写道：“唐六如《春晓图》售主也，又持黄石斋的《草书讲业》册一本，共还价一百四十元。”[3]对唐寅的这幅《春晓图》是否是真迹，顾文彬父子各执一词，展开讨论，顾承存有疑问，顾文彬在八月初一的复信中肯定儿子的眼光：“汝以为六如潇洒之人，未必肯如此认真，所论极是。然款字甚佳，或者请人捉刀而自题耶？后有邵僧弥题词，题名‘六如春晓图’，并非两来船也，今以百元得之，倘能与澹如交易《出山图》固妙，否则待价而沽，决不吃亏也。”[4]

---

1 （清）顾文彬：《过云楼家书》（点校本），文汇出版社2016年版，第294页。
2 （清）顾文彬：《过云楼家书》（点校本），文汇出版社2016年版，第294页。
3 （清）顾文彬：《过云楼日记》（点校本），文汇出版社2015年版，第260页。
4 （清）顾文彬：《过云楼家书》（点校本），文汇出版社2016年版，第297页。

九月二十一日，顾文彬的收获可以用“惊人”两字描述，日记里出现了恽寿平、张学曾（字尔唯）、髡残（号石溪）、杜琼（人称东原先生）等十八位名家的字、号及其作品。“共购得恽南田花卉山水合册，张尔唯书画册、石溪山水册……杜东原《南村十景》册”[1]，共花费九百四十四元。刚到手的东西，还没有捂热，顾文彬就开始和秦缃业交换藏品，“以旧藏王麓台《云山》卷及新得陈惟允轴、汪舟次字册与秦澹翁易得王麓台山水册、赵仲穆马卷”[2]。只是秦缃业的王原祁山水册还在其外甥张雨生手中，承诺于十月寄来。在当天的日记中，顾文彬写下这样的文字：“澹翁尚欲以所藏唐六如画《王文恪出山图》卷易余新得之杜东原册，余许以姑俟异日。”

由此可推断，顾文彬的计划是以唐卷易唐卷，可秦缃业没有答应他的提议，而是提出以唐卷易杜册——也可能顾文彬一直没有提出交换的想法，而是秦缃业先提出的。顾文彬对杜琼的《南村十景》册很看重，尚不肯轻易出手。《出山图》的交易谈判刚拉开序幕就矛盾重重。

收购《风木图》

顾文彬没有获得心心念念的《出山图》，但有了意外的收获。在秦

1 （清）顾文彬：《过云楼日记》（点校本），文汇出版社2015年版，第269—270页。
2 （清）顾文彬：《过云楼日记》（点校本），文汇出版社2015年版，第270页。

缃业的介绍下，顾文彬认识了其外甥张雨生，并得知张雨生手上有唐寅的《风木图》，而这幅《风木图》也是顾文彬父子一直想得到的，之前还曾托常熟的曾伯伟打听。

张雨生开价二百元，顾家曾买过张家所藏王原祁的作品，因此顾文彬与顾承相商："倘肯将前得伊家之麓台卷还他，情愿抵去一百二十元，只须找伊八十元……我思鱼与熊掌皆我所欲，不如与他二百元为是。"[1]他要求张雨生将此画寄到杭州，等他"出闱"后再与之成交。秦缃业也在信中提到张雨生"画宗烟客，祖孙犹惓惓于前售之麓台卷"，言下之意，张家希望取回此卷。但顾氏父子怎会将到手的珍品再拱手相让呢，顾承以"万不可舍"来表达对此卷的珍爱，且也不太愿意出二百元购买《风木图》。

顾承的想法引起顾文彬的不悦，他于八月初三的家书中拿出父亲的威严："风木卷依他所索之价，一文不减，有何不成？要汝斟酌者，应否还其麓台卷耳！"[2]顾文彬父子最后商定以二百元购《风木图》。

九月初六，秦缃业致信顾文彬，说张雨生的唐卷《风木图》"昨始寄到。雨生意在购王卷，而观乃兄萼生来信以当时售价甚廉，只贴八十番，以为太少，颇怨其弟，姑俟三世兄到后再商寄可也"。言下之意，张家对这桩交易并不完全满意，也说明等顾承到杭后再一起商

1 （清）顾文彬：《过云楼家书》（点校本），文汇出版社2016年版，第296页。
2 （清）顾文彬：《过云楼家书》（点校本），文汇出版社2016年版，第298页。

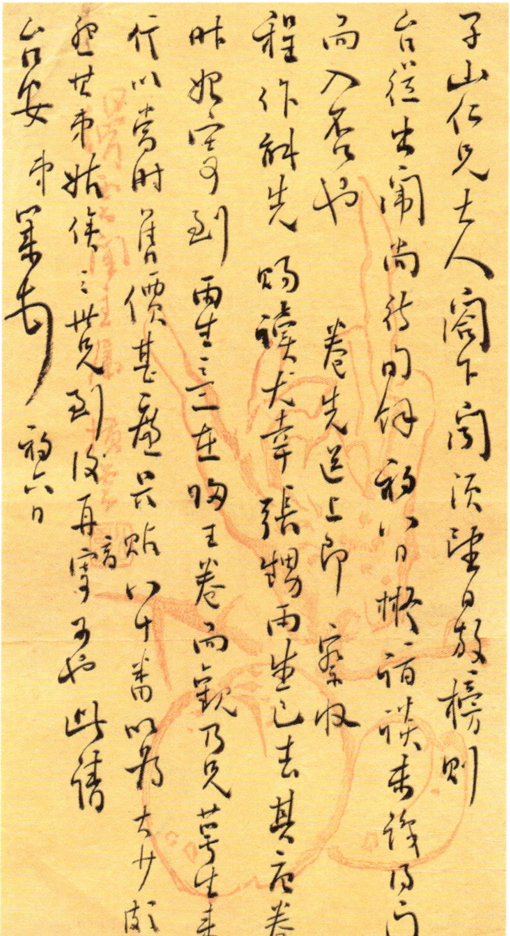

秦缃业信札　苏州市档案馆藏

定。顾文彬父子私下也积极讨论，他们约定，如果张雨生再提赎回麓台卷之事，就推托此画已被李鸿裔要去了，不在他们手上。顾文彬曾嘱咐儿子："此卷既不肯还他，或择麓台之中下驷带几件来，以为搪塞地步。"[1]至九月初七，顾承到杭州，也搬进贡院入住，两天后顾文彬终于以二百元之价得到《风木图》，并保住了麓台卷，他在日记中记上一笔，并说明这是常熟张氏之物，通过秦缃业"和会得之"，内心对秦氏充满感激。

书画鉴赏与买卖成为顾文彬与秦缃业共同热衷的事情，后者热心为前者介绍其他名家字画。顾文彬于八月二十八日的日记中写道："澹如经手送来之物，得其顾文康《岁寒三友》卷，廿五元；顾云屋《丹山图》，四十元；明人诗翰册，八元。退还者，俞紫芝字册，文氏书札册。"[2]顾文康即顾鼎臣，顾云屋即顾琳。十一月初四，与秦缃业交换所得的麓台册页也由苏州送到宁波，顾文彬以"精妙之至"赞叹此册，他致顾承的家书中掩不住当时的兴奋，说："澹如所让麓台册，精妙之至，竟与烟客一样笔墨，审其落款，是同时手笔，并无先后之分。特画境前八页密，后二页略疏耳。"[3]对麓台册页是否为王原祁在一段时间内完成的作品，秦缃业与顾文彬持不同观点，秦氏认为前八页是王原

1 （清）顾文彬：《过云楼家书》（点校本），文汇出版社2016年版，第306页。
2 （清）顾文彬：《过云楼日记》（点校本），文汇出版社2015年版，第266页。
3 （清）顾文彬：《过云楼家书》（点校本），文汇出版社2016年版，第321页。

祁中年之作，后二页是其晚年的作品，顾氏对此百思不得其解，不知秦氏何来这样的观点。

虽然顾文彬得到了唐寅的《风木图》和秦氏所藏麓台册页及《黄茅小景》，但顾文彬像着了魔的孩子，一直盘算着《出山图》，尽管《黄茅小景》“精绝，然出山卷亦足相埒，倘能并得，则二美并矣”[1]。顾文彬深知“过云楼收藏足称富有，我遇事皆存知足之念，惟于书画则贪多务得，此亦通人之蔽也”。可是秦缃业仍坚持以唐卷换杜册，始终没有松口。二人为这幅《出山图》开展了一场拉锯战。在这场拉锯战中，名家名作悉数登场，除了王原祁，清六家中的其余五位——王时敏（号烟客）、王鉴（字元照，人称王廉州）、王翚（字石谷）、吴历（字渔山）、恽寿平也频繁出现在顾、秦二人的信札中，其作品被收藏家作为讨价还价的砝码。

高手谈判忙

同治十三年正月，顾文彬写信告诉顾承：“秦澹如有信来，复申以杜易唐之前议，我仍权词答之，并告以新得《黄茅小景》，六研斋推为天下唐卷第一者，言外见得，既有此卷，则其他皆在可舍之列。伊是聪

1 （清）顾文彬：《过云楼家书》（点校本），文汇出版社2016年版，第359页。

唐寅《黄茅小景》

明人，或者会意，不复再申前说，亦未可知。倘若竟缠绕不休，只得以直告之，唐画已多，杜画甚少，故不愿交易。如唐卷肯售，竟以二百元购之，亦我之所愿，汝意以为何如？”[1]从顾文彬的家书中，可以获知，他非常尊重顾承的意见，但为了获得心爱之物，也会一再表达自己的意愿，希望儿子理解并支持他。顾氏想着唐寅的《出山图》，秦缃业则看中杜琼的《南村十景》册，两人各有所爱，各有所图。

显然，秦缃业没有达成自己的愿望，最后做了让步，顾文彬于三月初一致顾承的信中提到交换条件的变化：“澹如欲觅四王、恽、吴扇面，可于所藏中择数页携来，以备价买唐卷作为媵物。既不肯践以

1 （清）顾文彬：《过云楼家书》（点校本），文汇出版社2016年版，第348页。

杜易唐之约，必于备价外佐他物以饵之。”[1]其实，秦缃业还看中上年九月二十一日顾氏收藏的王鉴的册页，三月初十顾文彬在家书中说：“前所得戴子余处之廉州册，澹如亦欲得之，前有信来，又径提及，此册甚精，断不能让。我家所藏廉州册，择其中驷，带一二本来，以备购买唐卷贴补之用。”[2]

秦缃业因为没有得到杜册，就不断提出自己的要求，而顾文彬因为要获得《出山图》，与儿子密切地讨论对策，并做出妥协：“连接澹如两信，唐卷又为香严叹赏，声价更增，幸尚可图。渠所要唐绢本卷已为香严购去，当以实告，作为罢论。渠所要廉州八页册，虽亦是精品，不应舍去，然再靳而不予，未免过于不恕。我意竟将此册予之，作价七十元，再加洋一百三十元，凑成二百之数，择下人来宁者，令其持册与洋，走内河送至杭州，将唐卷易归，所赠南田、石谷、麓台扇面，只算白贴，不能计较矣。”[3]

顾文彬在书画收藏上有个“冤家”，即他的好友李鸿裔。此君在书画方面出手阔绰，见李鸿裔瞩目自己看中的唐卷，顾文彬只得忍痛割爱廉州册，担心不抓住这次机会，《出山图》有朝一日“必为香严攫去”，到时后悔莫及。事隔四天，顾文彬又将前信中的意见重述一遍，征求顾

1 （清）顾文彬：《过云楼家书》（点校本），文汇出版社2016年版，第365页。
2 （清）顾文彬：《过云楼家书》（点校本），文汇出版社2016年版，第367页。
3 （清）顾文彬：《过云楼家书》（点校本），文汇出版社2016年版，第370页。

承意见，并关照其抓紧时间。紧接着他连续发出两封家信，谈论此事，决定由三孙顾麟诰将廉州册带到浙江。

然而秦缃业并不完全同意顾文彬的提议，除了廉州册外，他又明确提出新要求。五月初四，他致信顾文彬，“唐卷本意在易杜卷，不得已而及绢本一卷，亦聊以解嘲，且免外人以为求售图利耳”，并进一步提出希望顾文彬补偿其扇面之事，“弟所有扇面中尚少烟客、渔山，而廉州亦无其白面，如能拣选至精者三扇及廉州册，并贴以百番，弟必将六如卷奉上，而先来之扇，亦仅留两恽二王也。如以整部未便折散，而随便充数，则仍当奉璧，竟作罢论”。言下之意，所要扇面必须是精品，否则双方的协议就此中止。

顾文彬收到秦缃业的这封信有点小情绪，想不搭理他，但一想到《出山图》“究属精品，不忍决然舍去，况所求扇面尚不难照办”，于是嘱咐顾承，“汝择烟客、渔山、廉州扇面各一张，要好些的，此公眼光甚好，中下之驷不能将就，待其退回，徒多周折”[1]。最终，秦缃业与顾文彬达成一致意见：三个扇面作价三十元，廉州册作价七十元，共一百元，再贴补一百元，即交易《出山图》。

顾文彬算了一笔账，即使加上之前送出的三个扇面，这桩生意也并不算吃大亏。顾文彬认为他们的藏品中“烟客金面尚多，而渔山

1 （清）顾文彬：《过云楼家书》（点校本），文汇出版社2016年版，第376页。

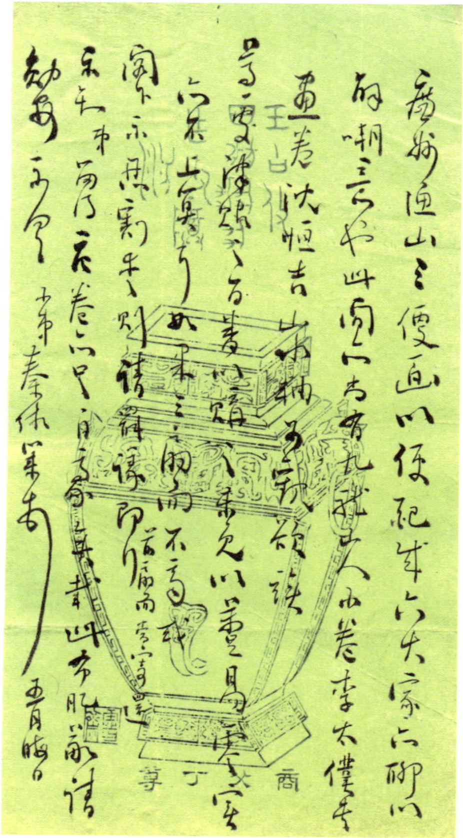

秦缃业信札　苏州市档案馆藏

金面颇少”，便交代顾承“汝酌量择取，无金即白亦可”。五月底，秦缃业又致信顾文彬，说自己想要“烟客、廉州、渔山三便面，以便配成六大家，亦聊以解嘲意也”。秦缃业在信中表达了自己想集齐六大家扇面的心愿，流露出如果双方成交，他将以顾氏所贴经费购买其他作品的意向：“此间亦尚有九龙山人小卷、李太仆书画卷、沈恒吉山水轴可观，欲俟尊处津贴之百番以购之。”如果顾文彬不愿割爱王时敏、王鉴、吴历的扇面，那么他们的交易只得作罢。然而顾承回信说没有合适的渔山金面，向父亲请示如何操作。顾文彬有点心急了，告知最近书画行情，“故交之物”都在上涨，没有金面就用白面替代，但务必抓紧，他实在担心秦缃业也跟着行情讨价还价。

喜得《出山图》

同治十三年六月初一，顾文彬终于收到顾承从苏州寄来的扇面，立即派人将三个扇面和廉州册带往杭州，“与澹如交易，事之成否，未可知耳”[1]。应该说，他的心里还有点不踏实，担心心思活络的秦缃业，再出什么“幺蛾子”。但到六月初四顾文彬接到上述那封秦缃业写于五月底的信件，表示要用顾氏所贴百元购取其他作品的话语时，他的心顿时放宽了不少，认为秦氏“意在肯售，谅不致再有中变”。至此，顾文彬、秦缃业都向对方开出条件，并彼此得到满足，可谓皆大欢喜。

六月初五，秦缃业收到顾氏送来的廉州册与三个扇面时，并不满意，于第二天的回信中说，自己已有金面，所要扇面皆要白面，原打算配齐六大家扇面成一册，而金面与白面均匀分布才好，且王时敏的作品“秀而欠苍”，推测是崇祯年间的作品，而吴历的“太荒率”，既然“尊处无白面可换，亦只得勉留，惟作价三十番，鄙意犹以为不值”。

1 （清）顾文彬：《过云楼家书》（点校本），文汇出版社2016年版，第386页。

同时他说前两年见过廉州册，此册“原用致佳之印木面，今忽易以红木”，让他大失所望，认为“既作价换物，总求大家情愿，彼此求当”。再三说明自己并非要斤斤计较，故提出三个扇面与廉州册的作价都要做相应的调整。顾文彬连忙做出解释，他认为印木与红木相等，故易去印木，改为红木，实是无心之为，他又许诺赠送笪重光（字在辛，号君宜，又号江上外史）的扇面作为补偿，而维持前议。

六月十二日，顾文彬派人从杭州取回梦寐以求的唐寅《出山图》，在当天的日记中写道：“澹如唐卷专由省取回，以王廉州册并烟客、廉州、石谷、南田（二）、渔山扇面，贴以百洋，易归。”[1]

同天他写信给顾承，说秦缃业“尚有许多不满意，得此一种已费千气万力矣。渠尚点戏，要龙友、尔唯、润甫、江上四家扇面，我思杨、张、卞三家扇面皆我家所求而未得者，即偶得之，安能分赠。惟笪扇或不甚爱惜，倘有之，即寄来转交，以了此公案”[2]。

平地起风波

顾、秦的这场书画交易到此应成定局，不料又起风波，原因在于顾文彬答应赠送的是笪重光的扇面，但秦缃业收到的却是卞文瑜（字

1 （清）顾文彬：《过云楼日记》（点校本），文汇出版社2015年版，第302页。
2 （清）顾文彬：《过云楼家书》（点校本），文汇出版社2016年版，第391页。

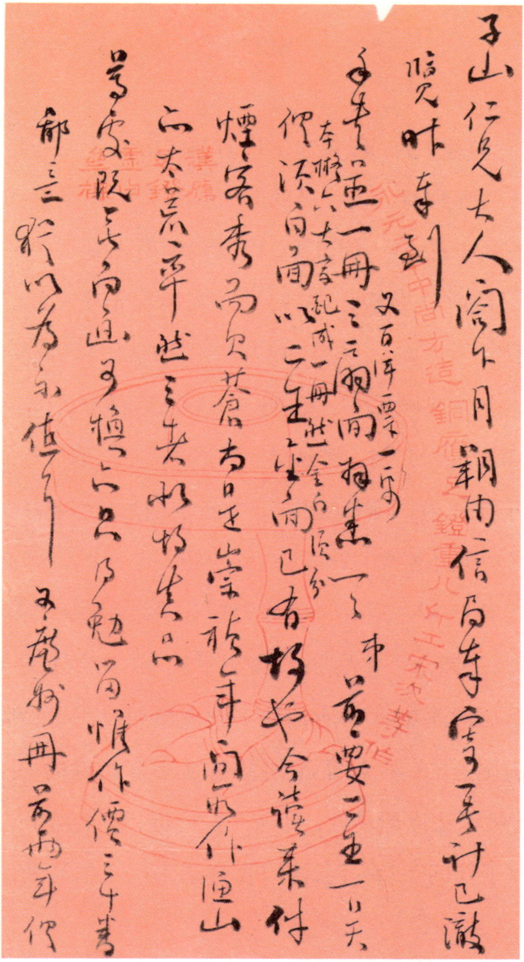

秦缃业信札　苏州市档案馆藏

润甫，号浮白、萝庵）的，且并非卞氏真迹。秦缃业在一封信中表达了不满，认为顾氏所给的二王一吴的扇面并非“至精”，廉州册印木面也被换掉，责备顾文彬：“不惮其烦，而屡致徒劳往返也……已许赠江上一面，何忽易润甫？”并表示，“弟处九友本配不全，亦非定要江上，如冬心、新罗能得一面”。秦缃业以一个书画家的职业素养评判作品的优劣与真伪，并向顾氏一一说明。首先他觉得卞氏作品在九友（明末清初的董其昌、杨文驄、程嘉燧、张学曾、卞文瑜、邵弥、李流芳、王时敏、王鉴被称为“画中九友”）中属于殿后，“魄力不如二王，秀逸不如程邵”；其次落款“辛卯年”有问题，前一个辛卯在万历十九年（1591），“烟客未生”，后一个辛卯则在顺治六年（1649），卞氏已死；最后一个问题是印章“文喻”，“从文不从玉”，此处的“喻”显然不是文瑜之瑜。因此秦缃业对所谓的卞画做出如此判定。他表示自己所割让的《出山图》在《风木图》之上，这是不言而喻的，而其“初意欲得杜册”，既然无法以唐易杜，只得一再迁就，仅是出于“成人之美起见，而非图利于其间”，而过云楼因收藏诸多唐寅精品画作已成为“海内甲观”。

通过双方这次书画交易，可以看出秦缃业的书画鉴赏水平不同一般，且是过目不忘的聪明人。他还向顾氏强调，自己并非在至好前锱铢必较，只是因为“真伪不可不明，是非不可不辨”。顾文彬同样是一位高水平的书画鉴赏家，且颇具书画商人的精明。面对秦缃业的“指责”，顾文彬只得“虚心”接受，立即于七月初十致信顾承，告知秦缃业已“将不合意之扇面送还，尚要笪江上及冬心、新罗三家中或一或二，我思此三家扇不甚值钱，尽可送一二，以了此局”[1]。笪重光、金农、华嵒均为清代画家，他们的作品也颇受推重。

顾文彬告知顾承一个信息，即秦缃业大约在七月底回无锡，倘若经过苏州，顾承可将扇面送给他。顾承是个颇有主见的人，对父亲的意见并不全部采纳，顾文彬只好让步，“新罗既不忍割爱，或以他件小名家任其拣取一二，即可塞责。正文已完，此特余波而已”[2]。顾文彬毕竟是在官场历练的人，自个儿想要的已到手，其他的就没必要过多计较。他在七月初七的日记中写下这样的话：“酌送扇面与澹翁，以酬其让唐之功。”[3]在家书中则说“澹如相让之意究属可感”，可见他深知此画的价值及秦氏转让的情义。

顾文彬的好友李鸿裔评价唐寅的《出山图》在《黄茅小景》之上。顾文彬对此也有一番独特的见解：“两图同用斧劈皴，不点苔，而《黄茅小景》尚有纵横习气，《出山图》返虚入浑，积健为雄，实觉此胜于彼。”[4]《风木图》《出山图》《黄茅小景》同归过云楼，顾文彬得意至极：“六如妙迹尽萃我家，甲于天下。”顾文彬再次关照顾承，他日秦

1　(清)顾文彬：《过云楼家书》(点校本)，文汇出版社2016年版，第404页。
2　(清)顾文彬：《过云楼家书》(点校本)，文汇出版社2016年版，第407页。
3　(清)顾文彬：《过云楼日记》(点校本)，文汇出版社2015年版，第306页。
4　(清)顾文彬：《过云楼家书》(点校本)，文汇出版社2016年版，第408页。

氏"道出吴门，汝检扇面中一二小精品酬之"[1]。然而到七月底，仍未见秦缃业的人影，而顾承准备到宁波探望父亲，于是顾文彬叮嘱："汝出门之前，倘秦澹如未来，新罗、冬心等扇面（次者）检出一二页交四孙，待其来访出示之，任其去取。"[2]书画痴迷者，对收进书画不惜代价，但拿出去时则心有不舍。之前还要求顾承选精品送给秦氏，过了没多久，又改为次等的华嵒和金农的作品了。

从秦缃业的一封落款为九月二十六日致顾承的信中，可以知道秦缃业于八月到过苏州，并受到热情接待，只是与顾承擦肩而过。他在信中透露一个信息，"粤东何蘧庵挟书画、碑帖来游西湖，出以见示，美不胜收，尤以赏者宣和御题关仝画一轴，真希世之宝"，然而他并没有能力购买，希望过云楼能有所斩获。同时也将何瑗玉（字莲身，号蘧庵）要到苏州的信息告诉顾文彬，但顾文彬认为"此公大约即交易恽、吴卷者，此公索价极昂，碑帖多作覃溪赝跋，即使来访，恐无甚交易也"[3]。顾文彬听说何瑗玉鉴赏书画能力颇高，让顾承请他审定家中正在编纂的书画录。

1　（清）顾文彬：《过云楼家书》（点校本），文汇出版社2016年版，第408页。
2　（清）顾文彬：《过云楼家书》（点校本），文汇出版社2016年版，第421页。
3　（清）顾文彬：《过云楼家书》（点校本），文汇出版社2016年版，第436页。

一介穷书生

与顾文彬相比，虽然在浙江做官，但秦缃业的生活并不富裕，他也没有顾氏那样精明，可以说是“一介穷书生”。同治十三年十月，他因年关难过，想押一箱书画给顾氏，“押数百金”。顾文彬在十四日的家书中说，当年他们父子均看过秦氏之收藏，认为精品不多，“即使有精者，岂肯轻于抵出”[1]，故顾文彬要求顾承告知有哪些入眼的东西，到时可向秦氏“指名相索”。顾文彬家书中没有说起押金多少，但他在十月二十七日的日记中写到他又复秦缃业一信，“并银票二百两，托朱令懋清带往省中”。从时间上来看，二百两极有可能是秦氏书画的押金。到十一月初四，送去书画八册十二卷，其中有几件精品，共抵押“四百金”，声明“非半载即一年定赎”，决不“绝卖”。顾文彬认为秦氏乃守信之人，绝不会食言，他来赎回时或许可以转让一二件精品给自己，即使不来赎回，“亦不致吃亏”。

秦缃业实在出于急用才抵押书画，故对顾文彬的相助也十分感激，表示“如有不合意者，尽可以调换”。这正中顾文彬下怀，他告诉儿子“明年进省拟换他几种，看此光景，意在必赎”[2]。光绪元年（1875）十月十一日，已辞职回苏的顾文彬在日记中写道：“接秦澹如

1 （清）顾文彬：《过云楼家书》（点校本），文汇出版社2016年版，第436页。
2 （清）顾文彬：《过云楼家书》（点校本），文汇出版社2016年版，第449页。

信，先还曹纹一百两，在押局内算”[1]，据此，可以推测秦缃业当时还未赎回所押书画。

从同治十二年正月顾文彬得见唐寅的《出山图》到第二年的六月正式成交，顾文彬可谓花尽心思，用尽“千气万力”。然而不知传到哪一房子孙时此画已更换了主人，书画于人，确是过眼烟云。《出山图》上有四个收藏印章，即“商丘陈氏书画印”朱文印、“鲍氏约亭珍藏”朱文印、“顾子山秘箧印”朱文印、“孙邦瑞珍藏印”朱文印。顾文彬虽然一度是此画的主人，但他并没有留下更多的痕迹。江阴人孙邦瑞是民国著名的书画收藏家，和吴湖帆是好友，这幅画上留有吴湖帆的墨宝：“辛巳中秋，孙邦瑞见示乡贤名迹。吴湖帆谨观。”辛巳年即1941年，这说明1941年或更早些时候此画已归入孙家。如今，唐寅的《出山图》成为故宫博物院的珍品。

1 （清）顾文彬：《过云楼日记》（点校本），文汇出版社2015年版，第365页。

吴中七老自风流

中国传统士大夫以结社雅集、诗词唱和、书画鉴赏及相互题跋为能事，苏州士绅更是如此。清代太仓有《娄东十老图》，苏州涉园有《消夏图》，以潘遵祁、顾文彬为首的苏州士绅以一幅《吴中七老图》定格了当年的风雅。现藏于南京博物院的《吴中七老图》原为潘曾玮所有，后由潘氏后人捐赠国家，此图再现了晚清吴门士绅们书画鉴赏、诗文唱酬、品茗饮酒、吟风弄月的风雅生活。

吴中七老

光绪五年（1879）八月十九日，吴云的听枫山馆高朋满座，顾文彬、李鸿裔、彭慰高、沈秉成、潘曾玮等老友相聚一堂，谈笑风生。这样的聚会通常是轮流做东，有时在顾文彬的怡园，有时在李鸿裔的网师园，有时则在沈秉成的耦园，但是因吴云体弱多病，不宜经常外出，听枫

《吴中七老图》 南京博物院藏

山馆成为雅集的主战场，或吴云做东，或其他人借听枫山馆作为聚会场所。那天酒酣席散之后，顾文彬赶往邻居俞樾家，请曲园居士为《吴中七老图》题跋。《吴中七老图》与《吴郡真率会图》是两幅不同的画卷，前者七老均为苏州人，除了真率会的主力军顾文彬、彭慰高、潘曾玮外，还有吴艾生、潘遵祁、蒋德馨、吴嘉椿，而后者则包括吴云、沈秉成、李鸿裔、勒方锜四位侨居吴门的异乡人。

《吴中七老图》乃仿效古人之举。唐代大诗人白居易和胡杲、吉旼、刘贞等朋友因不满朝廷的腐败，退隐林泉，寄情山水，有《香山九老图》传世。吴中七老之形成，与苏州山温水柔、物产丰美的自然环境及其政治、经济、文化的地位有关。清政府镇压太平天国运动后，出现所谓的中兴时期，俞樾、吴云、顾文彬、沈秉成、李鸿裔、盛康等退隐苏州的士大夫们忙着“治园亭，购花石，春之朝，秋之夕，以觞以咏以遨以游熙熙焉”（俞樾《七老图记》）。部分或在职的或退隐的举行真率会活动，另一部分人则以吴门人士为主开展活动。据光绪五年九月俞樾所写《七老图记》内容，兹将《吴中七老图》所涵人物的经历及绘图时各自的年龄介绍如下：

潘遵祁（1808—1892），出身于苏州贵潘世家，潘奕隽孙，潘世璜子，字觉夫，号顺之，又号西圃。道光二十五年（1845）进士，但他无意官场，在朝两年即回苏隐居邓尉，筑香雪草堂。工画花卉。著有《西圃集》。时年七十二岁。

蒋德馨（1810—1893），初名蒋德福，字心芗，道光十五年二甲第十名进士，工部主事。著有《且园诗存》。时年七十岁。

顾文彬（1811—1889），字蔚如，号子山、紫珊，晚号艮庵，道光二十一年进士，浙江宁绍台道。著有《眉绿楼词》等。时年六十九岁。

彭慰高（1811—1887），字讷生，号钝舫老人，道光二十三年举人，盐运使衔，浙江候补知府，在浙二十年，一度与顾文彬同事。著有《仙心阁集》。时年六十九岁。

吴艾生（1814—？），字引之，号兰台旧史，道光二十一年进士，工部

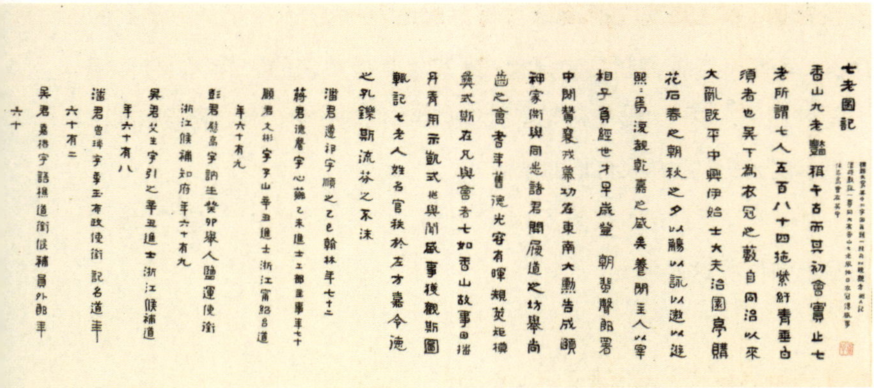
七老圖記
香山九老豔稱千古而其初會實止七
老所謂七人五百八十四拖紫紆青垂白
須者也吳下為衣冠之藪自同治以來
大亂既平中興伊始士大夫治園亭購
花石春之朝秋之夕以觴以詠以遨以遊
熙熙焉復覩乾嘉之盛矣養閒主人以宰
相子負經世才早歲登 朝翱聲郎署
中間贊襄戎幕功在東南大勳告成頤
神家衛與同志諸君閒履道之坊舉尚
齒之會耆年舊德光容有暉規[illegible]矩模
彝式斯在凡與會者七如香山故事因[illegible]
丹青用示觀式與聞盛事獲觀斯圖
輒記七老人姓名官秩於左才嘉令德
之乳鑠斯流芬之不沫
潘君遵祁字順之乙巳翰林年七十二
蔣君德馨字心薌乙未進士工部主事年七十
顧君文彬字子山辛丑進士浙江寧紹台道
年六十有九
彭君慰高字訥生癸卯舉人鹽運使銜
浙江候補知府年六十有九
吳君艾生字引之辛丑進士浙江候補道
年六十有八
潘君曾瑋字季玉布政使銜 記名道年
六十有二
吳君嘉椿字語樵道銜候補員外郎年
六十

俞樾《七老图记》

主事，浙江候补道。时年六十六岁（俞樾《七老图记》作六十八岁）。

潘曾玮（1818—1886），字宝臣，号玉泉，又号季玉、敦闲居士。潘世恩四子，布政使衔，记名道员。潜心研究经学和诗词古文，撰有《正学编疏解》《自镜斋文钞》《咏花词》《玉洤词》《养闲草堂图记》等十多种。时年六十二岁。

吴嘉椿（1820—?），字语樵，号养余居士。道衔，候补员外郎。工书，得二王笔意。时年六十岁。

从七人的出身背景与履历，可以看出他们或者是世家子弟，或者是进士出身，或者为官一方，具有较高的文化修养和社会地位，且相互关系密切。顾文彬之二孙女嫁与蒋德馨之子，他的八子娶了彭慰高的侄女，潘曾玮与潘遵祁是堂兄弟，吴艾生是潘曾玮的表妹夫，与蒋德馨是表兄弟，与顾文彬是道光辛丑年同年。他们才学一流，情趣相同，都追求闲云野鹤、林泉自怡的生活。

俞樾写了《七老图记》，不好意思地说“失写‘吴中’二字”，故又题写绝句称赞这些朋友：

清时啸咏一尊同，大有香山七老风。
他日衣冠传盛事，休忘高会在吴中。

众友题咏

按当时的惯例，他们应该每人都收藏一图。潘曾玮请俞樾、吴云、沈秉成、勒方锜、蒋德馨、李鸿裔、杜文澜、赵烈文、杨沂孙九人为《吴中七老图》题咏，除了俞樾与吴云写了两篇记外，其余七人都以诗相题。俞樾在《七老图记》中，对七老的年龄、出身、官职等情况做了简明扼要的介绍，吴云紧跟其后题跋。吴云长期生活在苏州，与《吴中七老图》中诸老关系深厚、年龄相仿，与潘氏、顾氏还有姻亲关系，所以十分乐意题跋，“以补俞太史记中所未及”。景和气淑、草木繁茂的时节，吴中七老雅集留影，神态各异，心情欢愉。吴云将图中七人从右至左一一写明，“两人并坐，其执笔沉吟欲书”者为顾文彬，坐在其边上的即潘遵祁，立在顾文彬左手者即吴艾生，手持折扇的是蒋德馨，盘膝坐石凳上的则为彭慰高，“执卷而坐者”为吴嘉椿，“倚书而坐者”即潘曾玮。即使画得与真人不是太像，但通过吴云的描述，后人对吴中七老的大致模样有了些许了解。

耦园主人沈秉成也题咏，从潘氏兄弟说起，“闲门相府似深山，小浮山人不可攀，谁其嗣者两难弟，西圃老人与敉闲”，接着列举历史上隐居的高士，“我闻商山隐四皓，又闻香山图九老。洛阳社会著耆英，联裾挹袖皆同道”，然后称赞吴门为人文荟萃之地，七老“风流少宦情”，“盍簪七老为七友，庭生玉树砌生兰，座有嘉宾樽有酒，山中养性即神仙”……沈秉成正是因为羡慕苏州的风流清雅，才辞官隐居吴门，与妻子严永华共同营造爱情园——耦园，载酒堂里曾留下吴中七老的足迹。

浙江秀水人杜文澜（1815—1881），字小舫，官至江苏道员，署两淮盐运使，与潘遵祁、顾文彬等均是好友，经常相聚。他应潘曾玮之请在《吴中七老图》上挥笔题诗一首：“图中七老皆故人，我亦一老非乡亲。过从只隔一湖水，画师未许图神形。功名出处党相侣，宦海升沉等闲耳。恍从西洛慕前贤，吴下高风差屈指。我有南湖旧草堂，频年契阔聊徜羊。朅来访旧索题句，县帧一一神飞扬。苏台花柳湖鸳鸯，重论往事惊沧桑。西园历叙何周详稿，据梧冥据乍高会，萧萧梅雨同衔

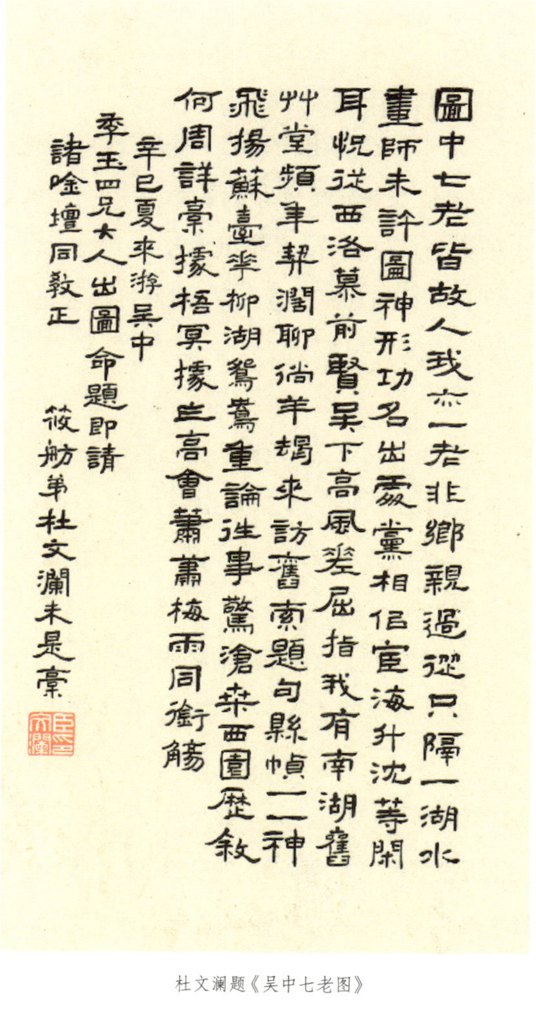
圖中七老皆故人我亦一老非鄉親過從只隔一湖水
畫師未許圖神形功名出處黨相侶宦海升沈等閑
耳悅從西洛慕前賢吳下高風差屈指我有南湖舊
艸堂頻年邦濁聊倘佯朅來訪舊索題句縣幀二神
飛揚蘇臺李柳湖鴛鴦重論往事驚滄桑西園歷敘
何周詳稾據梧冥據之高會蕭蕭梅雨同銜觴
辛巳夏來游吳中
季玉四兄大人出圖命題即請
諸唫壇同教正
筱舫弟杜文瀾未是稾

杜文澜题《吴中七老图》

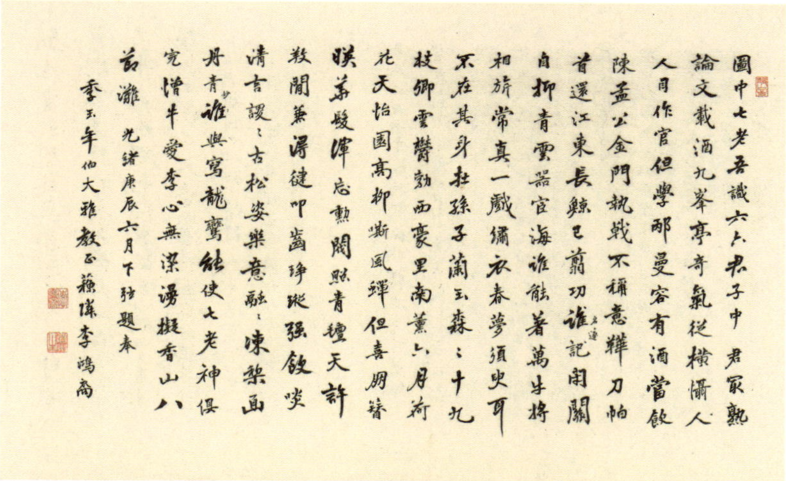

李鸿裔题《吴中七老图》

觞。”杜文澜工词，著有《采香词》《词律校勘记》等。有意思的是，杜文澜的这首题诗少了一句，其中有一句又多了一个字，这位深得曾国藩赏识的官员与词家在这幅画作上出了小洋相。出洋相的还有李鸿裔，他与潘曾玮的关系最为密切，说“园中七老吾识六，六君子中君最熟；论文载酒九峰亭，奇气纵横慑人人目”。此处他就在题诗中多写了一个“人”字。杜文澜与李鸿裔的“洋相”也使这幅画卷更有了烟火气，大家人物也有“失常”的时候。

原是真率会中坚分子的勒方锜（1816—1882）是江西南昌人，吴

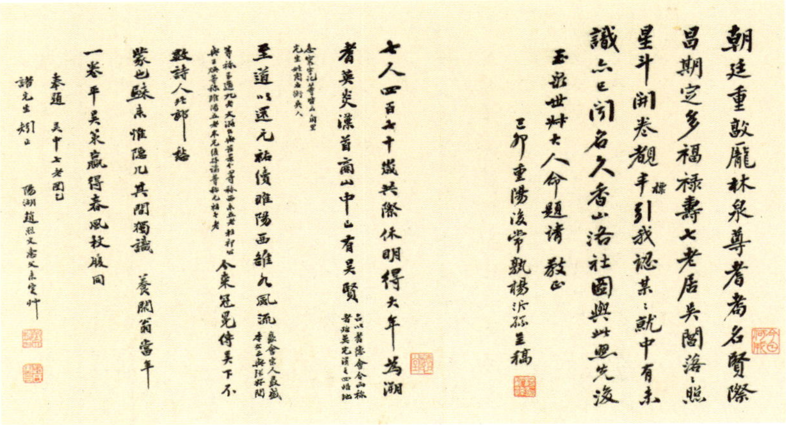

杨沂孙、赵烈文题《吴中七老图》

中七老相聚听枫山馆时他已离开苏州任上，先后到福建、贵州担任巡抚，光绪七年仲秋回到苏州，老友相见分外亲，潘曾玮抓住机会让他题咏。勒方锜把对同道的羡慕和内心的惆怅宣泄在题咏里：“疑是竹林侣，同为枌社人。台觞宽礼数，泉石见经纶。交澹情逾惬，时康迹易亲。披图笑相视，我亦白头新。昔时真率会，江海聚群贤。握手又今日，相思纾积年。暂倾吴苑酒，还上豫章船。却羡林栖乐，留题意渺然。”

《吴中七老图》由著名书法家杨沂孙（1813—1881）题写引首。杨沂孙，字子舆，号泳春，举人出身，官至凤阳知府。他的书法自成一家，翁同龢以“柔而健劲秀美，有力而又妩媚”称之。他题写的“名贤际昌期，定多福禄寿。七老居吴闾，落落照星斗”表达了对七老们最好的祝愿与仰慕。

与潘曾玮交好的赵烈文（1832—1894），字惠甫，号能静居士，阳湖人，曾担任曾国藩幕僚，欣然题道：“七人四百七十岁，共际休明得大年……其间独识养闲翁。当年一卷平吴策，赢得春风杖履同。”回顾了潘曾玮在平定苏州太平军时的谋略。

吴中七老代表了一个群体，这个群体中的人拥有相同的个性与志趣，追求散淡人生。由于潘曾玮是潘世恩的幼子，故他的辈分比较大，沈秉成、杨沂孙、勒方锜均称其为世叔，而李鸿裔则称他为年伯。一幅画卷及其题咏，反映了彼此的社会关系、交情深浅及当时士绅的交游状态。

风雅数谁

《吴中七老图》中所涉及的七老互动频繁，他们与题咏者关系密切。随着原来真率会部分成员的辞世或复出，潘遵祁、吴艾生、吴嘉椿、蒋德馨四人参加真率会，经常出席活动。换言之，《吴中七老图》上的七老后来成为真率会的七老，也因此使后人误以为真率会七老和吴中七老为同一批人。

顾文彬是一代词家，他的《眉绿楼词》八卷先后刊印，其中《跨鹤吹笙谱》卷原称《怡园词》，均用《望江南》词牌，共创作了一千二百余首词。顾文彬优游于怡园，将园内一景一物尽收眼底，“怡其耳目，怡其心神，而又状其所以可怡之故，一一寄之于词”。光绪五年正月起，他先请李鸿裔审稿、删定，自己在此基础上又删了五十二首，接着他又请潘遵祁删定并作序。潘遵祁在序中评价“《怡园词》一出世，皆以为创前人所未有而争先快睹”。确实，虽然苏州园林众多，但没有哪个园主像顾文彬那样创作如此之多的诗词讴歌自家的后园。另一卷《蝶板新声》则由蒋德馨作序，他在序中如此称赞顾文彬的诗词水平：“子山顾君工为倚声，尤多佳制。一篇跳出，八风齐鸣。每先夺乎骊珠。”

潘遵祁远离官场，沉醉于书画诗文之乐，三松堂内雅集不绝。据《过云楼日记》记载，顾文彬曾多次参加潘遵祁组织的赏娑罗花、赏菊花的聚会。光绪五年闰三月初三，潘遵祁邀请李鸿裔、沈秉成、潘曾玮、吴云、顾文彬与勒方锜来欣赏娑罗花。五年后，又到了娑罗花盛开的时节，潘遵祁邀请蒋德馨、吴艾生、吴嘉椿、潘曾玮、顾文彬到三松堂聚会赏花，他手剪数枝，分赠各位来宾，自己“首唱七律两章”，朋友们纷纷唱和。为了留下快乐的时光，当天请顾沄画《西圃看花图》，要求与会的朋友们各“书和诗于后”。

赵烈文本是阳湖人，后来在常熟买下吴峻基的水壶园（又名水吾园），后世俗称此园为赵吾园。光绪九年四月初一，李鸿裔邀请顾文彬一起到常熟拜访赵烈文，主要是为了让顾文彬散散心——上年顾文彬连失顾承及长孙、次孙三个至亲，心情极其郁闷。赵吾园借得虞山之灵气，比苏州园林更具自然之趣，顾文彬不惜笔墨，留下这样的文字："中有一池甚大，厅堂、书室、上房俱在池南。屋后即虞山，池通外河，池东有石桥一座，以栅栏为界。池北有楼，有亭榭，有长板桥通往来，并无墙垣，以篱槿为樊。手植榆、柳等树，高已干霄。池中荷芰菱芡皆满，颇极幽旷之趣。"[1]李鸿裔与顾文彬在赵吾园欣赏赵烈文珍藏的十余种金石拓本。赵烈文对金石研究极深，考评了每种拓本，令顾文彬佩服至极。第二天，他们来到赵宗建家，赵氏有著名的藏书楼旧山楼，赵烈文相陪左右，他们除了享用时鲜菜鲥鱼和春笋外，还欣赏了赵宗建珍藏的王冕（字元章）梅花卷、钱杜（字叔美）小册。虞山之行，顾文彬对此地的风景、美食、珍品留下了难忘的印象。

吴中七老的故事早已淹没在岁月的风雨中，但一幅画卷与点滴文字不由得让后人追寻与回味，那份风雅似乎远去，又没远去。

1 （清）顾文彬：《过云楼日记》（点校本），文汇出版社2015年版，第539页。

晚清士绅交游图景

晚清离现在很近，留存了不少笔记小说让我们可以了解当年的重大事件和人物故事，如曾朴《孽海花》以真人真事为描摹对象，影射晚清的政治与社会。然笔记小说之类极有可能偏颇，不如日记、书信真实可信。顾文彬生前留下的日记、家书，就记录了当时有关官场送礼、朋友应酬等方面的内容，虽然离现实很远，但读来趣味颇多，从中可以一窥当时朋僚交游的图景。

遵从惯例的别敬

中国素有礼仪之邦的美称，自清王朝灭亡及因五四运动、新文化运动的影响，减少了一些繁文缛节，及至1949年之后“破四旧”的活动使不少传统项目消失，中国人的人际交往变得越来越简单，除了婚丧生子等大事外，一般鲜有礼金的支出。但在顾文彬生活的年代，传统节日多，朋僚交往多，大至祭祀神灵先人，小到喝满月酒，涉及不少礼仪、礼节、礼品，尤其是礼金名目繁多，花样百出，如别敬、节敬、炭敬、冰敬、菲敬、茶仪、贽仪、赆仪、程仪、水礼、喜敬、奠仪、楮仪、赙仪等。在这些礼金支出中，应付官场习俗所占的份额比较大。

顾文彬自同治九年（1870）三月初一离开苏州，到闰十月二十日接到补授浙江宁绍台道缺的通知，数月的等待总算有了结果，而且这个职位是个肥缺。雍正四年（1726）置宁绍台道，辖宁波、绍兴、台州三府，道光二十三年（1843），增辖定海直隶厅（原属宁波府），在宁波城办公。《南京条约》签订后，宁波作为通商口岸，经济相对比较发达，离苏州又近，因此到那儿任职，顾文彬十分满意。在“北漂”的九个多月里，顾文彬与达官贵人、同乡同年交往颇多，一到北京就去拜访同乡沈桂芬（1818—1880，字经笙，吴江人），“晤沈经笙总宪”——当时沈桂芬在朝廷属于实权人物。虽然顾文彬得到宁绍台道这个职位是机缘巧合，但其间他还是请托了不少人，而今即将离京就职，总得有所表示吧，何况这也是当时官场的习惯。

按清代官场惯例，地方官员离开京城时都要给京官别敬。别敬之意即离别时的赠送，实则也是一种对贿赂的雅称。顾文彬的同学冯桂芬曾在《校邠庐抗议》中说：“大小京官，莫不仰给于外官之别敬、炭敬、冰敬，其廉者有所择而受之，不廉者百方罗致……”言下之意，京城的大小官员都接收地方官各种名目的孝敬。夏天送的礼金叫冰敬，冬天送的礼金称炭敬，离京时送的礼金叫别敬，这三敬在当时的官场是一种经常性的合法收入，那些低收入的京官靠地方官员或下级官员的“孝敬”养活全家老小。人在“江湖”，不能免俗，顾文彬确定离京的时间后，就按习俗到各级官员处辞别，顺便奉送别敬，仅同治九年十一月十三日，他就拜访了夏同善、沈桂芬等三十四位，送给二十七人别敬，金额从三十两到一百两不等，但沈桂芬等四人“仍璧还”。第二天顾文彬又“往各处送别金”，共送朱茗笙等八人别敬，只有李鸿藻未收。另外顾文彬还托人转送十八位小军机每人别敬“十二金”。粗略统计，顾文彬向五十六人赠送别敬，退回的仅七人；多的百金，少的十六两，可见官员“笑纳”别敬属于正常之事，但是否退回别敬或许要看彼此关系的疏近与交情的深浅，当然还要看他们个人的性格及自律情况。

恭亲王奕䜣对下属管教甚严，当顾文彬到恭王府拜访时，恰巧恭亲王不在，接待他的是恭王府回事处穆尔庚额号。顾文彬照例拿出红包送给他，不料对方婉拒，说“近日王爷不准收此，得日到寓来取”[1]。据之后的日记，这位穆尔庚额号似乎并没有去拿红包。看来恭亲王的“反腐”力度还是蛮大的，虽然管不了整个朝廷的大小官吏，但至少他的手下不敢造次。第二年年初顾文彬刚到浙江就任时，送给浙江巡

1 （清）顾文彬：《过云楼日记》（点校本），文汇出版社2015年版，第58页。

抚衙门“门包四十四两改为茶仪，文武巡捕菲敬八两……稟事房赏犒九两”[1]。显然浙江巡抚杨昌濬没有和京城恭亲王保持高度一致。

贽仪、程仪、赆仪等礼金名称也出现在顾氏的日记中。贽仪是为表敬意所送的礼品；赆仪是送别时的礼品；程仪就是路费，古代上级、亲友要出远门，作为下级或亲友，送给他一笔程仪用作旅途花销。赠送礼金在当时是一种约定俗成的规矩，体现了当时官场的陋习，但有时主动奉送礼金，反映了顾文彬乐善好施的品格，他经常以赠程仪的方式帮助别人，其日记中记载的最大的一笔程仪是五百元。同治十三年二月十七日，顾文彬的乡试座师郑朗如的孙子永龄从四川到宁波，带着其父郑善亭的书信来告帮，“求借千金”，顾文彬“赠以程仪五百元”[2]。有一位姓张的旧相识，因年老无依，顾文彬年年赠送礼金给他。顾文彬平常看到朋友困难时会主动伸出援手，如赠送程仪、补送寿礼等。

送戏送画的雅致

旧时，无论是官场还是民间，逢年过节、婚嫁、生子、生日、乔迁、公请、丧事等都要赠送礼金、礼品或其他。礼品的范围较广，有生活用品，也有酒席，更有高雅的书画、古玩等。一般对方收礼不可以照单全

---

1 （清）顾文彬：《过云楼日记》（点校本），文汇出版社2015年版，第94页。
2 （清）顾文彬：《过云楼日记》（点校本），文汇出版社2015年版，第291页。

收，总要退回一部分，这也是当时的一种礼节。

同治十年二月，顾文彬赴宁波任职时，先到杭州拜会上司和同僚，并为他们准备了礼品，送给浙江巡抚杨昌濬“京货八色，配以尺头十二端，仅受缙绅、京靴”[1]，“送午峰礼，受缙绅；送子垣礼，未受；送子颖，受绣货、缙绅、干果”[2]。顾文彬在日记中多记述他送出之礼，鲜有他人送他之礼的记录，仅记载他路经嘉兴府时，“府县遣人追送，并送水礼，辞而不受”[3]。

第二年，顾文彬到杭州拜会上司，送给杨巡抚“礼八色”，杨巡抚“收五色”，这五件礼品中除鱼肚四片外，其他都是名家字画作品：明画家唐寅画屏四幅，扬州八怪之首金农的《梅花卷》，清政治家、书法家刘墉（号石庵）和清书法家梁同书（号山舟）字册各一本，以及顾文彬的好友，清金石学家、书法家吴云刻《双钩虞恭公》一本，这些字画放在当下都是稀世珍品。字画造假古已有之，故有时所送的名人字画有真迹有赝品，如送给连绪斋将军的礼物中就有真有假，其中绢本米芾的山水立轴、唐寅的人物卷都是真迹，王时敏的山水六页册、恽寿平的山水十二页册则是赝品。晚清官府衙门好风雅，喜欢聘请“能诗能书画之士入幕”，“与为唱和讲论，以消岑寂”[4]，并且那个时代

1 （清）顾文彬：《过云楼日记》（点校本），文汇出版社2015年版，第94页。
2 （清）顾文彬：《过云楼日记》（点校本），文汇出版社2015年版，第95页。
3 （清）顾文彬：《过云楼日记》（点校本），文汇出版社2015年版，第93页。
4 （清）顾文彬：《过云楼家书》（点校本），文汇出版社2016年版，第444页。

为官者基本上以功名起家，都是读书人，而读书人都有一定的书画知识与修养，琴棋书画都要学一点，对这些高雅之物也具有一定的鉴赏水平，因此书画、拓片、古玩等作为普通礼品出现在人际交往中不足为怪。

金钱、礼物是人际交往中的“硬通货”。除此之外，当时还流行送戏助乐，往往是作为生日礼物送人，平时请客也会请戏班子助兴。顾文彬是个昆曲爱好者，而与他交好的李鸿裔、吴云、盛康、潘曾玮等人也好这一口。同治九年二月十六日，顾文彬与盛康、吴云等人借湖南会馆公局演大章班。大章班是昆剧班，成立于清代嘉庆、道光年间，与大雅班、洪福班、全福班合称苏州“四大老昆班”，他们在苏州活动时主要看大章班、大雅班的演出。光绪三年（1877）后，“京班”流行于苏州，与“苏班”共同成为苏州人的娱乐项目。京班者即唱京戏，苏班即演昆剧。遇到亲朋好友生日，客人送台戏作为礼物，主人也会隔日请大家听戏还礼，例如顾文彬的好朋友汪锡珪（字秉斋）的母亲生日，大家凑份子送小戏班、清音（清音者，即唱昆曲，演员不化妆）等礼，第二天汪锡珪还席，大家公送大章班两席。昆曲在晚清的苏州还是主要艺术，有意思的是在邻近的浙江，戏剧演出也以昆曲为主。同治十一年三月二十二日，为庆贺顾文彬六十二岁生日，“幕友、账房友送戏，辞之不获，传老庆丰班来演”[1]，两天后，顾文彬自己掏钱还礼，“仍请老庆丰班，还请幕友、账友”。老庆丰班属甬昆戏班，清道光年间创建于宁波，与咸丰、同治年间先后组成的名班新庆丰、老聚丰合称“上三班”。老庆丰班实力最为雄厚，持续时间也最长。

顾文彬的家人也是戏迷。同治九年，顾文彬北上求官之时，曾因轮船原因被迫滞留在上海。其间，顾文彬就应朋友之邀带侍妾张姬到丹桂园看春台部演出（女眷只能坐在包厢，男人们才能在正席就座看戏），共计八次。演出有京戏、昆曲、徽剧、花鼓戏，以昆曲为主，顾文彬评价花鼓戏“鄙俗可叹”。当光绪元年他从宁波解甲归田逗留上海时，张姬、浦姬两人连续三天在丹桂园、金桂园看戏，甚至看通宵戏。昆剧在当时就如同今天的明星演唱会，很有人气，顾氏一门是地道的“追星族”。纵观顾文彬的日记，发现他在北京时主要看徽班的演出，如同治九年在北京主要看三庆、四喜、春台徽班的演出；到宁波期间以观看老庆丰班、小如意班的演出以及清音为主；光绪年间他回到苏州后也经常看戏，除了看大章班、大雅班的演出外，逢家人过生日等喜事时，他都请戏班来家里演出，有时就清音一堂，也有亲友送戏给他。除了昆曲外，戏法、木偶戏也开始在顾家的戏台上出现，他还请姚士章说书。光绪三年后，京班经常在苏州八旗会馆演出，从中可以

1 （清）顾文彬：《过云楼日记》（点校本），文汇出版社2015年版，第172页。

看出当时戏曲的兴盛与走向：在苏州、上海、宁波、北京等地，昆剧依旧处于主导地位，徽剧在京城也有一席之地，而京剧在光绪年间开始活跃在苏州。

游戏冶游的潇洒

顾文彬是清朝的官员，平日里喜欢吟诗作词、游山玩水，欣赏字画，乐于公益，如此高雅之人应该与含有赌博性质的游戏无缘。其实不然，他直率地说自己“博奕饮酒，无所不好”，其生活丰富多彩。他酒量大，诗词好，乐趣多，绝对是一个会生活的人物。相对为官生涯的严肃，他的居家生活就自由轻松多了，毕竟没有官场的约束与压力。顾文彬从宁绍台道告病回到苏州的开头几年，和张之万、吴云、沈秉成、盛康、潘霨、李鸿裔等人经常聚会，游园林、晒书画、喝花酒、玩游戏，时常找艺妓出局助兴。

盛宣怀的父亲盛康（1814—1902），字勖存，号旭人，别号待云庵主，晚号留园主人，常州人。他是顾文彬在湖北时期的同僚，也是一个喜欢玩乐的人物。光绪元年八月十一日，盛康到顾文彬家中请他与李鸿裔、潘曾玮等人做陪客，他想请江苏巡抚张之万，时间定在八月十四日。盛康提出所到之人“须各唤一花”。花者，即能歌善舞之美姬也。至十四日那天，他们在胥门码头集中，“旭人预备红单船一只（从湖北带

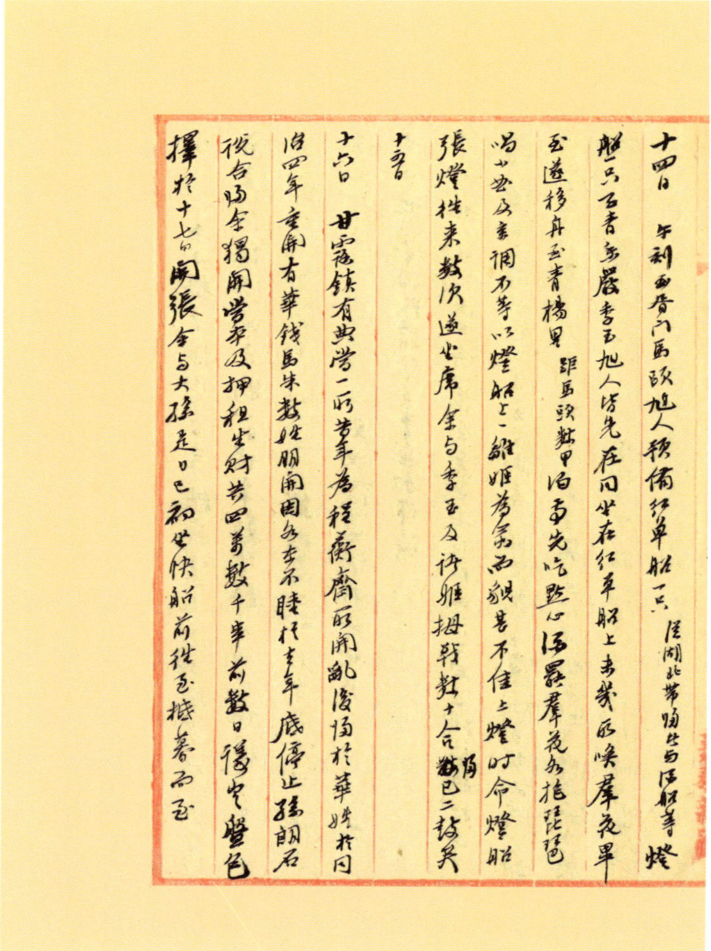
十四日　午刻西胥门马头旭人预备红单船一只（係湖北帮吻生与汪姓等）烧艇一只，否青与严季玉旭人皆先在，同坐在红单船上，来我所唤群花毕至，遂移舟至青杨里（距马头数甲）泊，未先吃点心，后群花各抱琵琶唱小曲及京调、万等，以灯船上一鹏姬为最，而貌甚不佳。上灯时命灯船张灯往来数次，遂坐席，余与季玉及许雅栂战数十合，输已二鼓矣。

十五日

十六日　甘露镇有典当一所，昔年为程蔚斋所开，乱后归于华姓，于同治四年重开，有华钱马朱数姓朋开，因各东不睦，于去年底停止。孙朗君欲合吾余独开当并及押租生财，共四万数千串，前数日议定盤包，择于十七日开张，余与大孙是日巳初坐快船前往至㧒暮而至

过云楼日记　苏州市档案馆藏

归者，与酒船等)、灯船一只。子青、香严、季玉、旭人皆先在，同坐在红单船上。未几，所唤群花毕至，遂移舟至青杨里(距码头数里)泊焉。先吃点心，酒罢，群花各抱琵琶唱小曲及京调不等，以灯船上一雏姬为最，而貌甚不佳。上灯时命灯船张灯，往来数次，遂坐席”[1]。他们往返书寓，在那儿喝茶、聊天、谈事、吃饭，还有“群花”相伴，十分惬意。当然天下没有免费的午餐，他们都要付费的。如请她们出场(即“出局”)，都要支付“局钱”。

这些美姬的出场只是调剂一下士绅文人的生活，但一不小心也会擦出火花。盛康就对其中一名叫褚秀宝的姑娘动了真感情，三天两头捧她场，在她那儿与朋友聚会，或茗谈或吃饭或竹游。光绪二年七月二十四日，顾文彬到秀宝家，“旭人、幼亭俱在。余密询添财，知旭人欲娶秀宝为妾，已还价二千元，而旭人秘而不告余，殊不可解”[2]。顾文彬对盛康的保密行为有点不悦。秀宝经历不详，但人气很旺，顾氏日记中曾提到有一次盛康吃她有外遇的醋而不赴约。最后盛康花了两千元为秀宝赎身，纳为妾室，将她安置在叶家弄。可能是盛康陶醉在温柔乡里，乐不思蜀，他的另外一个叫张巧珠的小妾发觉苗头不对，派人调查，发现盛老爷在外风流快活，于是一气之下带领女仆、轿夫数人赶到叶家弄，将“秀宝及家人遍殴，首饰、箱笼、器具席卷而去，并将

1　(清)顾文彬：《过云楼日记》(点校本)，文汇出版社2015年版，第359页。
2　(清)顾文彬：《过云楼日记》(点校本)，文汇出版社2015年版，第406页。

旭人殴辱禁锢”[1]。张巧珠的泼辣，盛康的软弱，吓得秀宝逃到上海，“未知作何结局”。

与顾文彬交往的士绅中似乎只有盛康留下这笔风流记录，其他人还是保持谦谦君子的风范。之前因盛康约大家聚会时提出每人须“各唤一花”，而顾文彬尚无中意之人，几经寻访，顾氏“属意于蕙卿”，还应她之求，撰写嵌字联“戏评花谱题红蕙，细拣箫材选绿卿”[2]。之后，顾文彬与朋友聚会时常带美姬出席，但没有固定的“搭档”，这些美姬主要负责诗酒唱和时的助兴。

当时的游戏甚多，有推牌九、竹游、默和等娱乐活动，且都有输赢，玩游戏的人基本上有固定的搭子。牌九用木、骨或象牙制成，是由骰子演变而来的民间游戏用具，推牌九的玩法也比骰子更为多变和有趣，是明清时期盛行的游戏。顾文彬和朋友们除了一起推牌九外，很多时候还一起玩竹游、默和，而顾文彬的水平极高，赢多输少。

晚清士绅交游活动丰富，官场、生活规矩、习俗颇多，娱乐内容也丰富，顾文彬在日记里如实记下了吴中名士风雅之外的各种俗事与官场陋习，这是他们热爱诗词书画外的另一副面孔。

---

1 （清）顾文彬：《过云楼日记》（点校本），文汇出版社2015年版，第412页。
2 （清）顾文彬：《过云楼日记》（点校本），文汇出版社2015年版，第361页。

顾文彬与俞樾的交往

光绪元年（1875），顾文彬从浙江宁绍台道的位子退下来，回到苏州颐养天年。在人生最后十五年里，他与苏州士绅们交游频繁，一度与李鸿裔、吴云、沈秉成诸人举行真率会，诗酒酬唱，游园赏画，逍遥自在。他与俞樾的交往没有与上述诸君的那么密切，但留下的文字可以追寻他们的往事和友谊。

同治十年（1871）正月十四日，顾文彬刚从京城归家不久就收到俞樾的求助信，原来他想印刻《湖楼笔谈》七卷，却囊中羞涩，直言需要费用五十元，请顾老兄赞助一下。俞樾（1821—1907），字荫甫，号曲园，浙江德清人，清末著名学者、文学家、经学家、古文字学家、书法家。清道光三十年（1850）进士，曾任翰林院编修。被罢官后，俞樾移居苏州，潜心学术研究，以经学为主，旁及诸子学、史学、训诂学等，其学问可谓博大精深。然而穷书生除了满腹学问之外，始终为钱所累，其所居住的曲园还是靠顾文彬等朋友们资助而建造的，而今出书还是缺钱

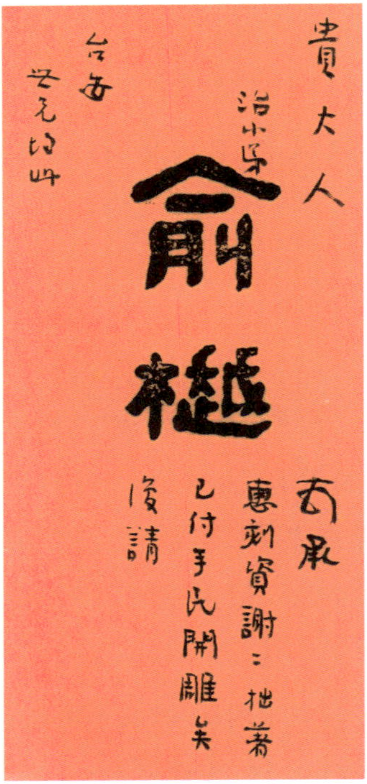

俞樾名片　苏州市档案馆藏

少金。顾文彬豁达大度，热衷公益，一生助人无数，何况是出书这种雅事，接到信后的第二天就登门拜访俞樾，当面答应他资助《湖楼笔谈》的出版。诚如顾文彬所言，“荫甫著作甚多，裒然成集，皆友朋代刻”。俞樾与顾文彬相差十岁，都是进士出身，前者是被老师曾国藩称为“拼命著书”的学者，后者是仕途顺畅的朝廷大员。一个坦率地求援，一个热情地赞助，从以后两人的交往看，他们的关系相当不错。

顾文彬于同治十年过完春节就到宁波任职，在杭州拜会上司期间，就与朋友在杭州游览四面楼，顿觉此楼与自己“意欲造之过云楼同”[1]。虽然一时能力有限，但这个梦想始终萦绕心头。后来，他日渐厌倦官场，急于想回家归隐，其子顾承响应父亲的号召，在苏州觅地造园。光绪元年四月初四，顾文彬得知告病辞职的申请得到皇上的批准，立即赋诗一首：“感荷君恩疾许移，欢然喜气上双眉。始知襄宦辞官日，宛似顽童放学时。”[2]回到苏州，顾文彬与儿子顾承继续完善怡园工程，如购置湖石树木，请俞樾、吴云、沈秉成等好友题写匾额。怡园东边“得屋三楹，前则石栏环绕，梅树数百，素艳成林”，顾文彬为其取名“梅花厅事”，在其西边有“遁窟”，窟中一室被命名为“旧时月色”，此匾即由俞樾题写。“旧时月色”四个字取自宋代词人姜夔的《暗香》：“旧时月色，算几番照我，梅边吹笛？唤起玉人，不管清寒与攀摘……”曲园与怡园近在咫尺，俞樾说：“乐天诗云，‘明月好同三径夜’，然则怡园中月色，亦可分照曲园乎？古人千万买邻，良有以也！”[3]显然，俞、顾两人都为做对方的邻居而欣喜。怡园中的小沧浪东边的石屏上，也留着俞樾的

1 （清）顾文彬：《过云楼日记》（点校本），文汇出版社2015年版，第96页。
2 （清）顾文彬：《过云楼日记》（点校本），文汇出版社2015年版，第347页。
3 苏州市园林和绿化管理局编：《怡园志》，文汇出版社2013年版，第91页。

墨迹——“屏风三叠”。

光绪三年五月十七日，顾文彬再次拜访俞樾，“送怡园记纸与荫甫”，请他写《怡园记》。园已造好，请人写下怡园的来龙去脉及园景园貌自然非常重要，而俞樾是最合适的人选。

俞樾在《怡园记》中开门见山地说：“顾子山方伯既建春荫义庄，辟其东为园，以颐性养寿。是曰‘怡园’。”他从入门“看到子孙轩”写起，经“舫斋”“松籁阁”“面壁”，南行见到园中精舍“碧梧栖凤”，折向东边有梅树环绕的“梅花厅事”“藕香榭”……花木扶疏，亭台楼阁，荷池石屏，曲径通幽，美不胜收，最后写道：“兹园东南多水，西北多山。为池者四，皆曲折可通。山多奇峰，极湖岳之胜。方伯手治此园，园成，遂甲吴下。”俞氏对怡园的评价有主观上肯定好友所造园林的美意，更多的是客观描述，就如他所言：“攀玩终日，粗述大概。”怡园与俞氏的关系还在延续，1987年，“梅花厅事”匾由俞樾的曾外孙许宝骙补书，现挂在锄月轩内，下方则是俞樾的《怡园记》。

除了《怡园记》，俞樾还曾应盛康所请为其写下《留园记》。一座座园林的历史就这样在士绅交游的雅趣中被生动地记录下来。

顾文彬喜欢写诗填词，留下了《眉绿楼词》。同治十一年七月初四，远在宁波的顾文彬思念苏州的友人，写了首《奉怀俞荫甫太史》：

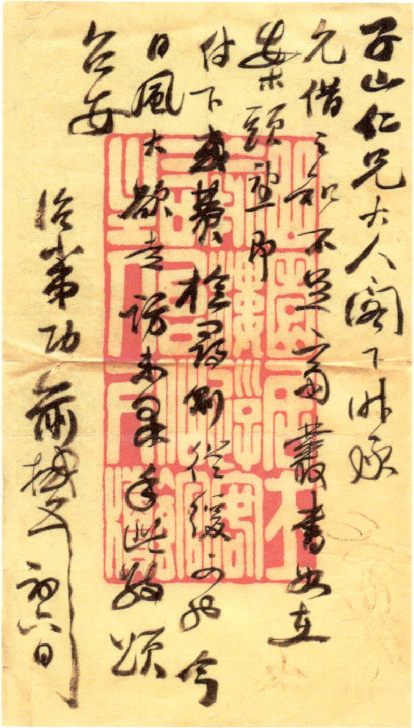

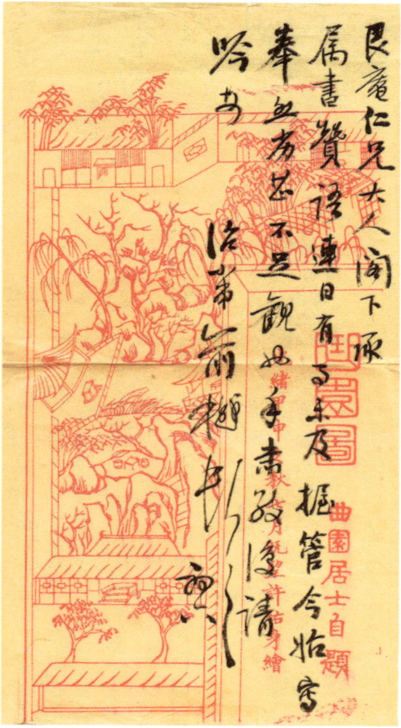

俞樾信札　苏州市档案馆藏

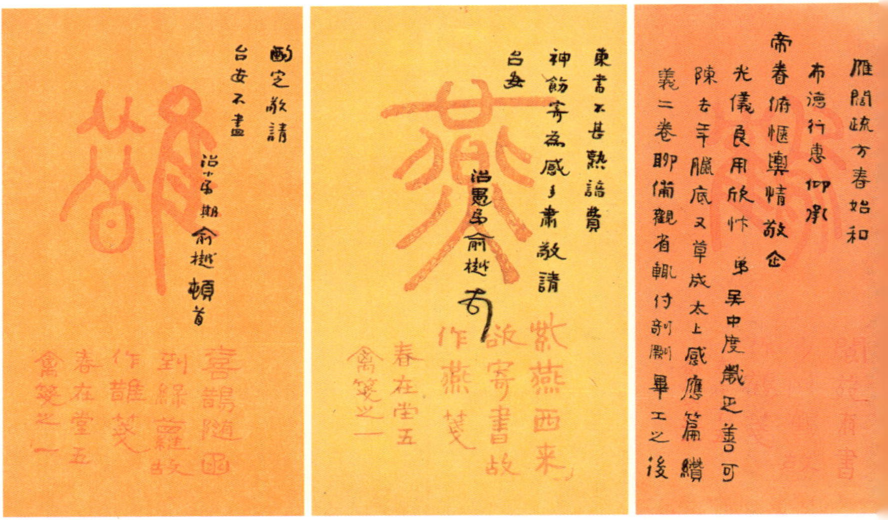

春在堂五禽笺之鹊笺、燕笺、鹤笺　苏州市档案馆藏

东望乡关忆故人，传钞社稿剧清新。
碧云红叶山游剡，白露苍葭水阻秦。
远道诗筒欣可接，新凉灯火喜相亲。
西泠旧有诛茅约，问字亭边愿卜邻。[1]

初五、初六接连两日，顾文彬和俞樾韵写了两首诗。

1　(清)顾文彬：《过云楼日记》(点校本)，文汇出版社2015年版，第187页。

过云楼还藏有十多通俞樾写给顾文彬、顾承父子的信函，内容比较单一，基本上都是为了筹措出书经费、为他人介绍工作、交流文事之类的琐事，没有宏论主旨，却体现了大师日常生活的一面。俞樾很讲究信笺，有曲园兰讯、春在堂鱼笺、春在堂五禽笺、墨戏信笺等，其中春在堂五禽笺别具一格。五禽者分别为燕、鹊、雁、凤、鹤，五禽笺一套五种，每种禽的名字用篆体书写，置于信笺上半部，下端再以一句名诗概括制作此笺的理由。“喜鹊随函到绿萝，故作鹊笺，春在堂五禽笺之一”，这是鹊笺的说明。燕、雁、凤、鹤笺上的说明分别为“紫燕西飞欲寄书”“衡阳归雁一封书”“收将凤纸写相思”“阆苑有书多附鹤”，这些句子均出自唐诗。在俞曲园看来，信笺除用来写信，向亲友互通信息、交流情感之外，还应该体现文人的文化品位与生活情调，故这套春在堂五禽笺突出了曲园居士的个性。

题匾撰记、诗词唱和、书信往来是文人雅士的交流方式，有了他们的雅致与情趣，便有了鲜活如昨的过往烟云。历史因此生动有趣，人物因此形象丰满。

张之万的苏州往事

张之万（1811—1897），字子青，号銮坡，直隶南皮（今河北南皮）人。道光二十七年（1847），以一甲一名进士（即状元）授修撰，后由侍读累迁内阁学士，同治九年（1870）十月，张之万出任江苏巡抚，开始与苏州结缘。第二年九月，他晋升为浙闽总督，但他并未到任，不久即“乞养”，在苏州一待就是六年多，直至光绪三年（1877）八月回老家安葬老母，才依依不舍离开吴门。张之万不愿做官，情愿在苏州消磨时光，是什么如此吸引着他呢？

一

张之万的一生可谓官运亨通，虽志不在官场，但在光绪八年经不住庙堂的召唤，归隐十余年后再度起复，出任兵部尚书，入军机处，兼署吏部，充上书房总师傅、协办大学士。光绪十五年，授体仁阁大学士，转东阁。赐双眼花翎、紫缰。以八十七岁的高龄过世后，“赠太傅，谥文达”，荣耀至极，算来也是有福之人。在封建时代，张之万的人生算是十分圆满了。

道光二十七年，对状元公张之万来说是值得庆贺的年份，这是他步入官场的关键一年，其命运随之改变。而那年，顾文彬似乎过得特别无聊，在《艮庵老人手订年谱》中只留下“二十七年丁未，三十七岁”一句，没有任何实质性的内容。这一年他丁忧在家，其生活乏善可陈，似乎一片空白。顾文彬比张之万出道早，六年前就得中进士，但发展不如张状元顺畅，一南一北两位官员似无交集，却因机缘巧合与气场相近而走到一起。除了顾文彬外，张之万在苏州期间与当时其他著名的士绅们也都建立了密切关系，沈秉成、李鸿裔、吴云、潘曾玮、潘霨、盛康诸君都是其圈内良朋。

同治九年冬，顾文彬刚从京城获得宁绍台道之职，回到苏州故里，打算过完春节就到浙江赴任，而张之万也刚到苏州出任江苏巡抚，两人开始了交往，从此《过云楼日记》中开始出现“张子青”“子青”“青帅”等称呼。次年正月初九，苏州织造部堂德寿（字静山）在湖广会馆请官绅们吃春酒，以联络感情，张之万、何绍基、李鸿裔、杜文澜、潘曾玮、顾文彬等十四人应邀前往，宾主尽欢，“散已子时”。子时即半夜时分，这活动持续这么长时间，除了喝酒、聊天外，恐怕还有让他们更留恋的东西。原来德寿请来苏州著名的昆班——大章班、大雅班演出助兴。昆剧是当时流行的高雅戏曲，北人张之万是个戏迷，“中丞极喜观剧，终日正襟而坐，虽至更深毫无倦容”[1]。喜欢看戏也就罢了，张巡抚还把一个叫松福的小旦叫到跟前，询问姓名、年龄，“似有赏识之意”。张之万热衷于昆剧的这一幕落在了顾文彬的眼里，被他写在当天的日记里。顾文彬暗自将他与前任江苏巡抚丁日昌相比。丁日昌秀才出身，深得曾国藩欣赏，是洋务运动的主要人物，更是一位有名的军事家、政治家，但这个大人物可能担心昆剧这类“靡靡之音”消磨人们的意志，在位时严令禁戏，而今张之万的表现与丁日昌大相径庭，与顾文彬等人倒是趣味相投。同月十九日，张之万“在署演剧宴客”，共摆了七席，有德寿等江苏官府中人，也有顾文彬及潘遵祁、潘曾玮等地方士绅，等顾文彬看完戏回家已是丑初，即凌晨。那天张之万在院子里搭篷设席，由于下雨，这篷的密封性较差，顾文彬那席为了避雨已移了两次。这些官绅们对昆剧的喜好反映了同治、光绪年间昆剧的兴盛。

张之万与顾文彬才相识不久，就因后者到外地任职而分别。正月二十四日，顾文彬到浙江就任宁绍台道，一待就是四年有余，而张之万也于当年九月被任命为浙闽总督，旋即以“母老乞养归”。他并没有回老家，而是继续待在苏州，打理拙政园。清代做官很自由，没有任期约

1 （清）顾文彬：《过云楼日记》（点校本），文汇出版社2015年版，第90页。

束，不想做就找个生病或侍奉父母的借口开溜，顾文彬、张之万都以这种方式归隐林泉。光绪元年五月，顾文彬辞官回到苏州，再度与张之万等友人相聚，之后在顾氏的日记中频繁出现他们交往的记录，他们轮流做东，饮酒博弈，欣赏书画，忙得不亦乐乎。

二

张之万虽然担任江苏巡抚的时间仅一年有余，却喜欢苏州的生活，情愿放弃高官厚禄，美其名曰侍奉高堂，且在这六七年里，彻底融入了苏州士绅圈。当年他初到苏州出任江苏巡抚之职，因为前任巡抚丁日昌“丁内艰”，巡抚衙门似乎“不利”，故借拙政园作为办公场所。拙政园几经易手，园名也多次更迭，且因政治问题，园子的产权在私产、官产之间不时转换。道光元年，园中一部分出售给吏部尚书、协办大学士吴璥，于是时人称之为吴园。同治二年，李鸿章来到苏州，将李秀成忠王府改为江苏巡抚衙门，并以三千两白银买下吴园作为公产，张之万与老母亲、弟弟张子京等人就在吴园安营扎寨。

苏州的古典园林与人文气质吸引着张之万，何况张之万是位丹青高手，对园林的欣赏寄寓了他的审美情趣。他与弟弟张子京卖力地修葺、整治园景，使其恢复旧观，远香堂、兰畹、玉兰院、柳堤、枇杷坞、水竹居等十二景被他绘成《吴园图》十二册，而好友李鸿裔则留下《张子青之万制府属题吴园图十二册》诗，一景一诗，其中为远香堂题写："浓香旌节花，胜地蓬莱苑。堂中隐几人，心与江湖远。"[1]张之万、沈秉成、李鸿裔、顾文彬等人身在江湖，远离庙堂，陶醉在自己营造的人文山水画——园林之中，拙政园、耦园、网师园、怡园传来他们的浅唱低吟。诗人吴梅村有《咏拙政园山茶花并引》，拙政园一度归吴梅村的亲家陈之遴所有，陈氏因长年在外为官，作为园主无福消受拙政园的良辰美景，吴梅村叹息陈氏后来之悲惨命运，"看花不语泪沾衣，惆怅花间燕子飞。折取一枝还供佛，征人消息几时归"[2]。从陈之遴到张之万，花开花落几春秋，一个园子经历了多少主人，冷眼旁观了多少悲喜交织的故事，人去园在，一切皆有定数。

拙政园是封疆大吏张之万的最爱。他在这里诗酒吟唱、博弈游戏、笔墨丹青，他已与苏州的人文环境融为一体，如鱼得水，潇洒自如。然而他发现苏州作为各省"官商辐辏之区，皆有会馆，以为联络乡谊之地"，唯独没有八旗奉直人的会馆，于是在同治十年接任浙闽总督之时，他与江苏布政使恩锡、苏州织造部堂德寿、粮储道英朴三位同在苏州工作的满族官员商量，四人各自拿出俸禄，以五千两的价格（含原价三千两、修理费两千两）买下吴园，作为八旗奉直会馆，园名仍为拙政园。园子还在苏州，产权已归奉直人士，诚如李翰文在《八

1 苏州市园林和绿化管理局编：《拙政园志》，文汇出版社2012年版，第173页。
2 （清）吴伟业著，李学颖集评标校：《吴梅村全集》，上海古籍出版社1990年版，第262—263页。

旗奉直会馆四宪创建记》中所言："自兹以往，凡我同乡，居于斯，燕于斯，游咏于斯，聚乡族于斯。"[1]拙政园产权转换了，张之万也可以安心居住于此了。

当张之万得知好友苏松太道沈秉成因病需要找地方休养，就约沈氏夫妇"同寓吴门之拙政园，水木明瑟，文宴过从，发藻连情，殆无虚日"。好友相聚一堂，日子过得舒畅而充实。沈秉成夫人严永华（字少蓝）是著名的才女，她应邀在张之万的《吴园图》上题诗，严才女作诗称赞拙政园："复阁环桥曲曲通，清游宛在画图中。自惭六法相能解，欲貌平泉笔未工。"[2]严永华另外还为张之万绘了一幅山水画，"深得元季四大家遗法"。张之万之前就了解严永华危难之际救母的故事及其才情，但见到她的诗画后，直叹"夫人才艺之工，与德并著"。沈秉成也许是受张之万的影响，也于同治十三年买下了冯桂芬的旧居及郭凤梁（字季虎）的涉园，邀请画家顾沄参与设计，夫妻精心营造了偕隐的爱情园——耦园。张之万应邀为耦园书写"补读旧书楼"匾，并题款识，"仲复仁弟大人，同馆愚兄张之万"。光绪十六年，沈秉成以安徽巡抚，暂署两江总督，接到朝廷的任命文书之日，严永华就离开了人世。沈秉成悲痛之余，将妻子的诗作结集为《纫兰室诗钞》，并请张之万作序。第二年六月，张之万在序文里，回忆当年与沈秉成夫妇在苏州共度的美好时

1 苏州市园林和绿化管理局编：《拙政园志》，文汇出版社2012年版，第185页。
2 苏州市园林和绿化管理局编：《拙政园志》，文汇出版社2012年版，第294—295页。

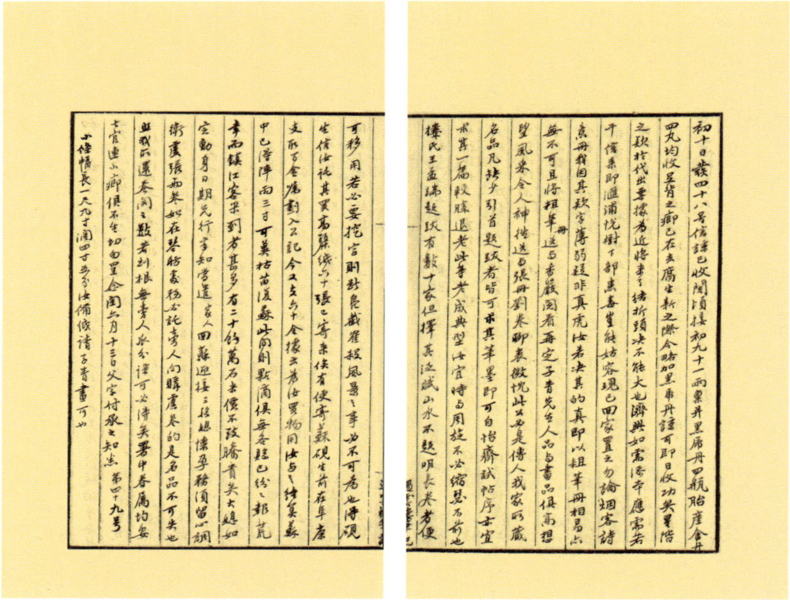

过云楼家书　苏州市档案馆藏

光，对少蓝夫人的诗给予高度评价，认为“夫人远降鱼轩，出随羽葆，所过湘峰九嶷，桂林独秀，得名迹之胜助，发思古之幽情，造端微言感兴，嘉咏蔚成诗史，无愧大家方之，国朝闺彦……卓然不朽”[1]。

在顾文彬缺席苏州朋友圈的那段岁月里，新苏州人张之万在拙政

1　苏州市园林和绿化管理局编：《耦园志》，文汇出版社2013年版，第114页。

园里恣意人生，与顾文彬的儿子顾承联系颇多，经常借过云楼书画欣赏。想来当时朋友们对顾家的收藏颇有赞誉，以至顾文彬信心满满地自我肯定：“张子青借观书画，退老亦大加叹服，实至者名自归，东南无出此右之誉，洵足当之而无愧矣。”[1]顾文彬十分推崇张之万的才学与为人，在同治十二年闰六月十三日致顾承的信中，称赞“子青先生人品与画品俱高，想望风采，令人神往。送与张册、刘卷，聊表微忱。此公必是传人，我家所藏名品，凡缺少引首题跋者，皆可求其笔墨，即《可自怡斋试帖》序亦宜求其一篇”[2]。在征得张之万同意后，顾文彬派顾承到拙政园求画，“小条幅长一尺九寸，阔四寸五分，汝备纸请子青画可也”[3]。

张之万经常到李鸿裔处赏玩书画，高兴之时挥毫泼墨。有一次，顾承应邀到李鸿裔家，李为他向张之万求得一幅扇面，顾承兴奋地向父亲禀报：“张青帅有时亦在香严处写画，香严转为男求青帅纨扇一柄送我，其为爱我可知。”[4]张之万十分喜欢四王之一王原祁的作品，通过吴云向过云楼借观，顾承真心实意将王原祁最好的作品借给他。这个做法引起了顾文彬的忧虑，远在宁波的他对儿子说道：“张子青告养折已发，谅必俞允。惟以麓台最佳两卷与之阅看，我意大不为然。

---

1 (清)顾文彬：《过云楼家书》(点校本)，文汇出版社2016年版，第102页。
2 (清)顾文彬：《过云楼家书》(点校本)，文汇出版社2016年版，第274页。
3 (清)顾文彬：《过云楼家书》(点校本)，文汇出版社2016年版，第275页。
4 (清)顾承：《顾承信札》，文汇出版社2018年版，第158页。

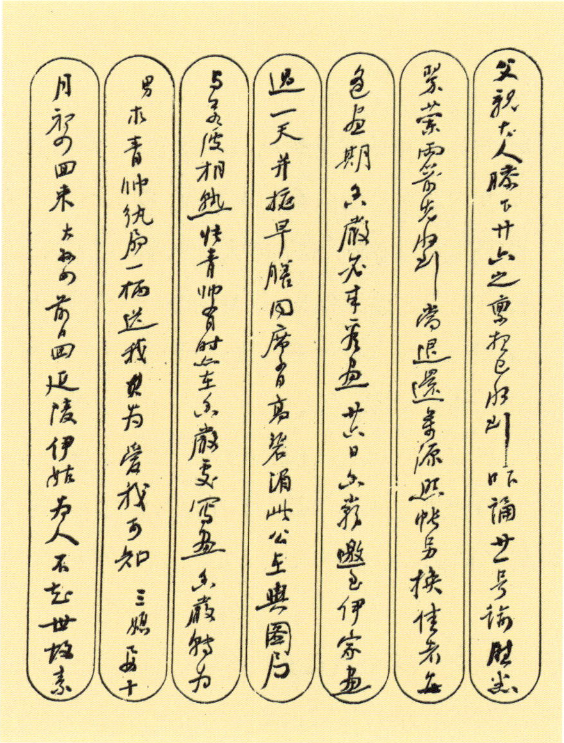

父亲大人膝下：廿六之禀想已收到。昨谕并函谕敬悉。紫蘩雨翁先生处，当退还原照帖，另换佳者在色画期。小霞兄来索画，昨日小霞邀至伊家画过一天，并扰早膳。同席有高碧湄世公与舆图局五六位相熟，惟青帅有时亦在小霞处写画。小霞特为男求青帅纨扇一柄送我，其为赏我可知。[illegible]大哥前日回延陵，伊姑为人不达世故，素[illegible]

男 [illegible] 十月初四

顾承信札　苏州市档案馆藏

渠已放浙闽总督，便是上司。设伊见而叹赏，有欲得之意，送之乎，抑却之乎？况我家麓台卷轴中等者尚多，何不以之搪责乎？（倘子青欲得麓台真迹，以中等之轴送之，亦可搪塞过去，其两卷须仍托退楼取回。）”[1]张之万已被任命为浙闽总督，一旦上任就是顾文彬的上司，顾文彬担心万一张之万想得到这幅王原祁的作品，自己将会陷入很尴尬的境地。于是他让顾承赶快取回，而将王原祁的中等作品送他，并告诫儿子以后不可将过云楼所藏“和盘托出”，要有所保留。顾文彬与友朋们的交往中常常涉及书画借观与要回等琐碎事情。顾文彬对此一直很谨慎，唯恐一不小心，自己的珍藏就落入他人之手。

一座园林，一幅画卷，一群名流，有了他们的交集，便有了传世的风雅，便催生了诗文、书画艺术，苏州的文脉得以绵延不绝。

三

光绪元年五月初二，顾文彬获得皇上恩准回到故里，朋友圈内顿时掀起高潮。先是初七，好友潘曾玮、潘霨为他接风洗尘，还邀请李鸿裔、张之万、杜文澜、吴云作陪。接着六月初一，张之万就在拙政园远香堂请客，顾文彬、李鸿裔、杜文澜、吴云、沈秉成、潘曾玮一同赴席。

---

1 （清）顾文彬：《过云楼家书》（点校本），文汇出版社2016年版，第84页。

若在天下名园光喝酒吃饭不免显得有点俗气，这些风流士绅自然还要做点别的，除了欣赏四时不同的花卉外，晒晒彼此的珍藏则是他们的最爱。那天顾文彬带去五代画僧巨然的作品，而张之万也拿出绢本黄公望的山水画、吴镇的山水画、黄庭坚小像轴、宋徽宗的《竹禽图》及纸本王蒙的山水画、钱选的山水画。这些真迹让朋友们惊叹不已，巨然的画卷被张之万“留观”。张之万家学渊源，书画造诣极高，而顾文彬、吴云、沈秉成、李鸿裔、潘曾玮这些士绅们都好这一口，庋藏名家书画、典籍善本、金石古玩也是当时官员士绅的共同爱好。

十月二十四日，张子京做东请吴云、潘曾玮、顾文彬等朋友吃饭，每人晒出各自的收藏，当时张之万所出示的“画钩”让众人眼睛一亮，顾文彬在日记中用“心醉”两字描述见到画钩时的心情。顾文彬的眼界很高，能入他法眼的自然不是普通东西。那天的聚会，他们还邀请艺妓侑觞，这是当时士绅交游的一种方式，艺妓们弹唱助兴，增添些许活泼的气氛。张之万诗兴大发，赠给其中一位名叫双凤的艺妓一联：“双手撩人春十笋，凤头勾客月初弯”[1]。平心而论，用“撩人”“勾客”两词，虽然工仗，却有几分俗气。顾文彬不愧为词坛大家，信手改了五个字：“双手弹筝春十笋，凤头蹴鞠月初钩”[2]。其实张之万的写作水平蛮高的，毕竟是状元出身，从他为留园的明瑟楼题写的楹联

1 （清）顾文彬：《过云楼日记》（点校本），文汇出版社2015年版，第368页。
2 （清）顾文彬：《过云楼日记》（点校本），文汇出版社2015年版，第368页。

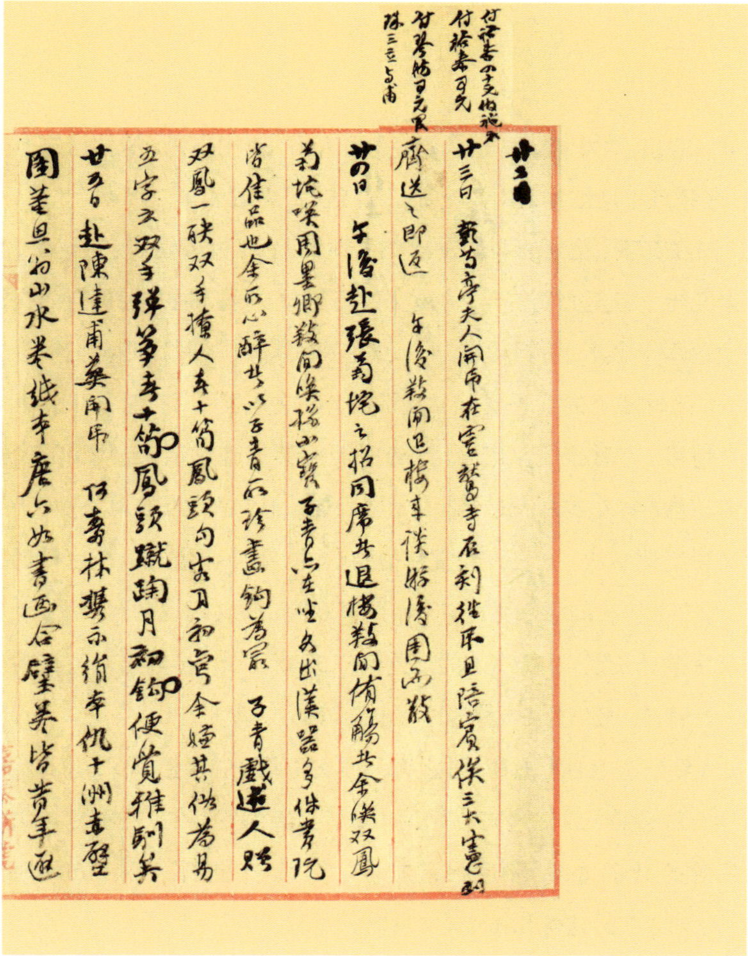

过云楼日记　苏州市档案馆藏

中可以看出："卅年前曾记来游，登楼看雨，倚栏临风，俯仰已成今昔感；三径外重增结构，引水通舟，因峰筑榭，吟歌长集友朋欢"。

同在苏城，张之万与好友们交往频繁，据《过云楼日记》记载，自光绪元年五月至光绪三年八月，张之万与顾文彬等朋友们进行的交游活动达六十余次，听枫山馆、怡园、留园、耦园、拙政园是他们聚会的场所。拙政园里的远香堂经常高朋满座，欢声笑语，有时以张之万的名义请客，有时张子京出面请，有时朋友借远香堂请客，可谓品茗饮酒情谊深，赏花赏画志趣雅。从《过云楼日记》中可以发现，张之万与顾文彬交谊不浅，张之万经常到怡园欣赏字画，或借过云楼庋藏的吴历、恽寿平等人的山水册页与扇面回家观摩；顾文彬也常到张之万、张子京兄弟处长谈。有意思的是，他们三人经常一起参与当时流行的游戏——竹游，且作为"合伙"的一方与"敌方"博弈。

光绪三年七月十七日，张之万为顾文彬画了一幅怡园图，并为怡园的拜石轩题诗，或许这是临别的纪念。这年的正月初三，张之万九十岁高龄的母亲过世，张家兄弟即将扶柩回乡，此番一别不知何时再见。面对老友的这份礼物，顾文彬欣然题诗：

国朝艺苑超先代，老辈前身是画师。

我与画禅定公案，南宗法乳在南皮。

泼纸云烟墨未干，一遍珍重双琅玕。
据舷狡狯至何敢，馋眼摩挲且饱看。

剪取怡园入画图，鸥波明瑟鹤林纡。
他年吴下征名迹，定有虹光贯顾厨。

晚寓名园暂乞身，早施德政泽吴民。
即论范水模山客，我亦攀辕卧辙人。[1]

自八月初二起至初十，吴云做东在听枫山馆为张之万饯行，沈秉成、盛康、顾文彬、潘曾玮、李鸿裔等人轮番宴请张之万。八月十五日，沈秉成、吴云、李鸿裔、盛康、顾文彬及杜文澜、潘曾玮等人再次在怡园公饯张氏兄弟。十七日，张之万母亲出殡，在齐门下船，张氏兄弟深情地与吴门告别，踏上北归的航船。

天下没有不散的筵席，曲终人散时，那些美妙的时光留在了文字里，特别是两个六十多岁的老翁曾经怀着少年的情怀到石湖看串月的往事尘封在顾文彬的记忆深处。光绪二年八月十八日上午，张之万约顾文彬到胥门大码头下船，船上还有两位朋友，四人便玩起竹游，中

1 （清）顾文彬：《过云楼日记》（点校本），文汇出版社2015年版，第448页。

午时分船抵石湖，过行春桥，停在湖心，此番的目的就是观赏串月美景。当时数百只游船云集湖面，“游人如蚁”，月亮升起之时，大家就边吃边赏，吃罢看罢，游船散尽，所剩“寥寥”。殊不知最精彩的还在后面，可惜知者不多，或者人们的耐心不够，因此最后见到串月奇观的人极少。原来只有到半夜时分，待“月到天心，桥洞中各有一月影，故名串月”[1]。行春桥有九个孔，湖水涟漪，月影荡漾，波光粼粼，真是奇妙无比！顾文彬在当天的日记中记下这一景观，并将此事收录到年谱中，可见他与张之万“老夫聊发少年狂”的那个夜晚给他留下了多么深刻的印象。

直隶与苏州相距甚远，在通信不发达的时代也会误传消息，就在光绪五年二月初二，顾文彬听到张之万得疯病的消息，一时难以释怀，认为张之万为人孝悌，待人忠厚，性格和平，不应该得此恶疾。显然这是谣言，光绪八年，张之万重返官场，步步高升，深得皇上信赖，且以八十七岁的高龄谢世。

张之万来到苏州，融入吴文化，并与苏州士绅建立良好关系。虽然他们的时代早已远去，但苏州的园林和顾文彬的文字中处处有着他们当年交游的痕迹。

1　（清）顾文彬：《过云楼日记》（点校本），文汇出版社2015年版，第410页。

傅增湘求书求画于过云楼

过云楼传到第三代顾麟士手上时，他除了继续收藏书画外，还特别关注宋元明等时期的善本孤本，丰富过云楼藏品。

顾麟士（1865—1930），字鹤逸，又字谔一，号西津、筠邻、一峰亭长，室名鹤庐、海野堂、甄印阁。顾文彬之孙，顾承的第三子。顾承先娶临平孙氏，后续弦朱氏，共育有四子三女，顾麟士为朱氏所出。顾麟士上有同父异母的兄长麟元、麟颐，姐姐麟保、麟珍，下有同胞弟弟麟澥、妹妹麟霞，在家族中行六，故有顾六之称。顾麟士擅长山水画，是晚清民初画坛名家，初学清“四王”，后追宗元明诸大家，自成高格，曾与吴大澂组织怡园画社。著有《过云楼续书画记》《鹤庐画趣》《鹤庐画识》《鹤庐题画录》《鹤庐印存》《因因庵石墨记》诸种，出版的画册有《顾鹤逸仿宋元山水十二帧》《顾西津仿古山水册》《顾鹤逸中年山水精品》《顾鹤逸山水册》等。

一直以来有人撰文说，过云楼的书画尽人皆可观赏，而其古籍珍本

顾麟士旧影

则秘不示人，当年藏书家傅增湘来苏时几番请求才得以观看，并须遵循顾麟士提出的只能看不能抄的“苛刻”条件，最后，傅氏凭着超人记忆，每晚记下白天过目之书，于二十世纪三十年代在《国立北平图书馆馆刊》发表其编纂的《顾鹤逸藏书目》。顾麟士之孙顾笃璜先生对此种说法一直持否定意见，认为祖父绝对不会这样，也鲜有人有这么好的记性。真相如何，不得而知。偶尔读到傅增湘写给顾麟士的三通书信，了解到傅增湘确实曾到过云楼观书，并向顾麟士求书求画。

傅增湘（1872—1949），字沅叔，别署双鉴楼主人、藏园居士、清泉逸叟、长春室主人。四川江安人，光绪二十四年（1898）进士出身，既在清朝被选入翰林院为庶吉士，又在北洋政府时期做过教育总长。出任公职之余，他最大的爱好是藏书、校书，是继海源阁杨氏、铁琴铜剑楼瞿氏、皕宋楼陆氏、八千卷楼丁氏之后的又一大家。他一生所藏宋金刻本一百五十种，元刻本善本数十种，明清精刻本、抄本、校本更多，总数达二十万卷以上，除了在藏书、校书方面具有影响外，在版本学、目录学方面，傅增湘也颇有建树，堪称一代宗主。

过云楼素有"江南收藏甲天下，过云楼收藏甲江南"之美誉。顾麟士一如乃祖乃父那样精心管理过云楼，与书画同道、藏书大家都有交往。傅增湘写给顾麟士的三通书信都没有署明年份，只能按内容和相关背景推测。在写于11月22日的一通信中，傅增湘提到自己入阁已过一年，他于1917年12月4日出任教育总长，直至1919年5月，由此推断此信有可能写于1918年。傅增湘坦率地向顾麟士提出要求，谈及他前年在苏州顾家看到的与眉州乡贤有关的两种藏书，"一为眉州杜大珪之《续碑传琬琰录》，一为《龙川略志》，弟均拟刊入《蜀贤丛书》"，希望顾麟士能割爱转让。同时，傅增湘表示，如果顾家不愿"惠让"，那么是否可以允许自己借阅，"或影钞一部，或校勘一通"。为了消除顾麟士的疑虑，傅氏提出"交部挂号，万无一失"，表示他一旦校勘完毕立即奉还，不会拖延。然而傅增湘还考虑藏家对物品的珍爱之心，也认识到北京、苏州毕竟路途遥远，取归不易，于是提出了一种新办法——拍照。他设想“托沪友携照象具到苏，将原书摄影，一分记祗数十页”，以此速度只需两日就可以完工，书不用“远行”就可以“到达”目的地。最后，傅增湘说只要顾麟士不“斥其妄、笑其愚”，哪怕只借一种藏书也是好的——不仅是傅增湘本人之幸，更是“吾乡先辈冥中百拜所求者也”，说得令人心动，或许唯有爱书成癖的人才会如此真性情。傅增湘点名所要的两种书均为宋本，《续碑传琬琰录》全称为《皇朝名臣续碑传琬琰录》，而《龙川略志》《龙川别志》则是苏辙所撰。这三本皆是重量级的宋刻本，自然引起傅增湘的高度重视。

目前没有看到顾麟士的回信，但从傅增湘的第二通信函中，可以获悉顾麟士对于傅增湘提出的或借阅或影钞或拍照两种书的要求，只同意影钞，也就是说要请高手抄录《龙川略志》《龙川别志》，并不采纳照相这种新法。历代藏书家对抄书很讲究，纸张与抄书人的选择同样重要，因产于浙江开化而命名的开化纸是清代以来最名贵的一种纸，它凭借质地细腻、柔软洁白、薄而韧性强，成为清廷宫内专用纸。傅增湘专程从北京寄纸到苏州，在第二通信中写道：“开化纸觅得数十纸寄呈，敬希代属善书人摹写《龙川别志》，以践前宿约。”他又与顾麟士相约，“霜叶飞红，南游有日”，同时傅增湘还惦记着顾麟士的画作，希望到苏之时将顾氏“允赐”的画作与影钞的书一同带走。

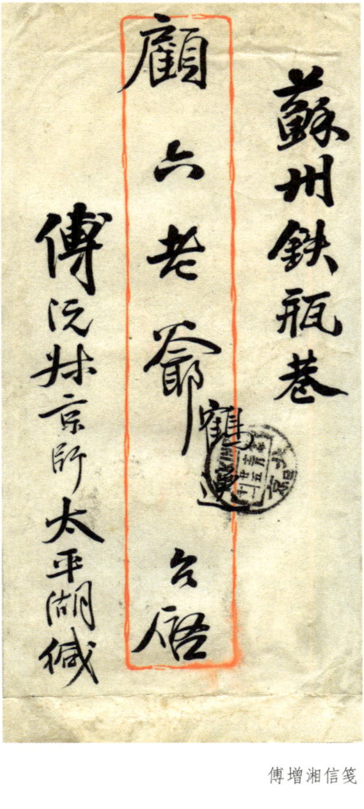
蘇州鉄瓶巷
顧六老爺 鶴逸 台啟
傅沅叔京寓太平湖緘

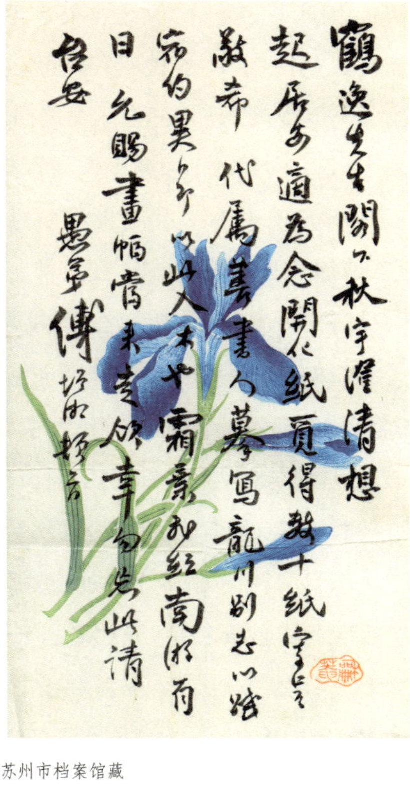
鶴逸先生閣下：秋宇澄清，想
起居多適為念。開化紙頁得數十紙，寄上[illegible]
敬希代屬善書人摹寫龍川別志，以踐
前約。[illegible]山人來也。霜景和紅，南游[illegible]
日允賜畫幅，當來[illegible]取，幸勿忘此。請
台安
愚弟傅增湘頓首

傅增湘信笺　苏州市档案馆藏

第三通信则写于10月17日夜，傅增湘告诉顾麟士自己已结束杭州的旅游，准备19日到苏州拜访他，同时询问所允诺的画作是否已经脱稿，是否已请人用开化纸摹临《龙川略志》。他称赞这本书为“海内孤

帧”，因此务必要请“文士善书者著意摹临”，并问顾麟士的友朋中有无钱縠（号罄室）、金俊明（号耿庵）这样的高手？表示事成之后，一定给予丰厚报酬。傅增湘在求书的同时，不忘求画，三封信中两次提到画事，这多少反映了顾麟士作品的魅力。

1926年，顾麟士将请人所抄的《龙川别志》《龙川略志》寄到北京，傅增湘写下题识：“丁卯六月十七日，晨起校影宋本四卷本，原本藏吴门顾鹤逸，其详别记之，藏园居士。”他为影印宋本《龙川别志》《龙川略志》作跋：“乡人李香严廉访旧藏宋刊本《龙川略志》《别志》，号为孤本秘籍。廉访身后，箧藏尽散，是书为吴门顾鹤逸所得。辛亥以还，余数数往来吴中，因识鹤逸于怡园，获观是书，昨岁更影写一本相寄，将以入吾《蜀贤遗书》中。”[1]李鸿裔与顾文彬、顾承父子交往密切，身后所遗珍本为过云楼所得，也在情理之中。目前国家图书馆所珍藏的影印宋本《龙川略志》《龙川别志》就是傅增湘向顾麟士“求”来的版本。

傅增湘将自己的宅院取名为藏园，将藏书楼命名为双鉴楼。顾麟士曾为傅增湘画过《双鉴楼图》，请苏州人章珏题诗，只是不知道《双鉴楼图》是否就是傅氏书信中所求之作。顾麟士在《双鉴楼图》上写下题跋：“沅叔癖好古籍，鉴别精审。插架之富，有两宋精刻百余种，且半属

---

1 傅增湘：《藏园群书题记》，上海古籍出版社1989年版，第427页。

孤本。至元明秘册，及明贤手钞，犹不与焉，真堪伯仲聊城杨氏、海虞瞿氏，其他海内藏书家难于比拟。爰写赠此图，以志向往。闻有卢熊《苏州府志》，微阙佚处，为石琢堂先生手写补完之本，在邺架非上驷，在弟则关于郡国文献。重以乡贤手痕，敢援王仪之与杨东里相遇故事，沅叔于意云何！”

顾麟士所说卢熊《苏州府志》为洪武刻本，被傅增湘的双鉴楼收藏，顾氏曾希望他将其转让给过云楼，但傅增湘不愿割爱。1912年，傅增湘到苏州淘宝，书商杨馥堂登门拜访，并携来洪武年刻卢熊《苏州府志》二十册。据傅氏所言，那时他并不留意方志，故对《苏州府志》不以为意。但杨馥堂了解此书的价值，对傅增湘说这是吴门古志，世间罕见，千万不要与之失之交臂，傅氏乃以“四十金得之”。杨馥堂作为书商长期浸淫于古籍珍本，故有较高的鉴赏能力。几天后傅增湘到怡园拜访顾麟士，才见面，顾麟士就询问道：“闻君新获《苏州府志》，此吾郡故物，访求频年不可得，且为石琢堂殿撰修府志时所用，在理宜以归我，敢以为请？”[1]

傅增湘此次来苏并无所获，仅得到《苏州府志》一套书，“未遑披玩，势难遽舍”，诚恳地表示他日定然留意，为顾麟士觅得此书。顾麟士将信将疑。据顾麟士所知，全国仅常熟瞿氏铁琴铜剑楼与归安陆氏

1 傅增湘：《藏园群书题记》，上海古籍出版社1989年版，第209页。

皕宋楼有全套《苏州府志》，其他藏家手上的都为抄本，故对傅增湘说“公得毋画饼以充饥耳”，两人相视大笑。

翌年，傅增湘到京城，在翰文斋以百金购得《苏州府志》，于秋天再度到吴门，交给顾麟士。顾麟士“雅爱乡先辈手泽”，希望与傅增湘的那本交换，然傅氏以“两书印本虽同，而余帙乃经汲古阁钞补，宋宾王手校”为由，婉拒了顾麟士的提议。过了几年，顾麟士托好友章钰将此书带到北京，请求傅氏帮忙，参照“琢堂本为之对勘补正”。可惜傅氏忙忙碌碌，还没来得及校勘，顾麟士已归道山。傅增湘得此消息，说“把卷回思，愧负良友。兹缘汪君孟舒还乡之便，仍以原书奉诸嗣君”[1]。

1934年6月，傅增湘写下《跋顾鹤逸藏洪武本〈苏州府志〉》一文，深情回忆与《苏州府志》的机缘，表达了对顾氏的深深遗憾。过云楼收藏的洪武《苏州府志》与《龙川略志》而今珍藏于南京图书馆。

傅增湘的三通书信，传颂了顾麟士与傅增湘的书画佳话，而顾麟士的《双鉴楼图》题跋则道出了他对乡邦文献的执着。三通书信、两篇题跋，一段佳话，似过眼烟云，又余音袅袅。

1　傅增湘：《藏园群书题记》，上海古籍出版社1989年版，第209页。

唐代乐器双忽雷引发的名士故事

古琴作为文人琴，曾从文人雅士的生活中消失了数十年，而今再度兴盛起来，不仅师承脉络清楚，还有二十世纪中叶录制的古琴名家的音像资料流传。然而说起唐代的大小忽雷（又称“双忽雷”），就不由令人唏嘘。忽雷是唐代宫廷乐器中的一种琵琶，因其发音忽忽若雷而得名，是我国现存年代较早的古代乐器之一，如今鲜有人会弹奏。宣统二年（1910），双忽雷为安徽贵池人刘世珩所得，由此引发了刘氏与苏州的交集：吴梅为其补全《大忽雷传奇》，顾麟士为其绘制《枕雷图》并赋诗，若干年后刘世珩的独子刘之泗又定居苏州，刘氏后裔中有不少人在苏州开枝散叶。

初得小忽雷

刘世珩（1874—1926），小字奎元，字聚卿，又字葱石，号檵庵，别号楚园，别署灵田耕者、枕雷道士，是清末著名藏书家、刻书家、文学家，尤工词曲。刘世珩出身于官宦家庭，其父刘瑞芬以诸生入同乡李鸿章幕府，主管水陆军械转运，后出洋做公使，官至广东巡抚。刘瑞芬因跟随李鸿章而起家，非常有经营头脑，在上海广置房产，生活富裕。

因刘瑞芬长期在上海为李鸿章做事，后又在上海为官，故刘世珩虽为安徽贵池人，却出生于上海。母亲傅氏是咸丰进士、江宁人傅遇年之女。自幼聪颖的刘世珩深得父母喜爱，然而他十二岁时母亲突然离世，十八岁时父亲又亡于广东巡抚任上。在关系复杂的大家庭中，刘世珩不忘父母教诲，勤读不辍。光绪二十年（1894），他与四兄刘世瑛同赴江南乡试，同榜中举，之后屡试不售，“以道员衔分捐湖北”。两江总督刘坤一器重刘世珩，“重请奏调”，让他负责江南商务局兼“南洋保商事务”，与南通张謇共同主持局务。光绪二十七年，清政府在江宁设立编译官书总局，由刘世珩出任总办，他推荐缪荃孙为总纂。此局云集陈作霖、柳诒徵、罗振玉、王国维等学者名士。刘世珩在任上发挥其经世之才，而公务之余，则投身于自己最喜爱的优秀传统文化中。

刘世珩喜爱藏书刻书，对传奇剧曲之类也十分钟情，早年在《南部新书》《乐府杂录》中读到唐代乐器大小忽雷的故事。好友缪荃孙曾寄给他《小忽雷传奇》抄本，小忽雷因此留在他的记忆里。宣统二年春天，在清商部任职的太仓人陆大坊告诉刘世珩小忽雷及其两本乐谱

（指《大忽雷传奇》《小忽雷传奇》）在华阳（今陕西商县）卓文端手中，而卓氏就居住在京城。陆大坊之弟陆应春受托为其寻访卓氏，原来小忽雷及其谱均为刘喜海之女嫁入卓氏的陪嫁之物。刘喜海号燕庭，是清代著名金石学家、古泉学家、藏书家，从他为女儿准备的嫁妆就可见其收藏实力。嗜古如命的刘世珩抓住机会，最终如愿以偿。刘世珩还发现刘喜海的味经书屋校钞本《小忽雷传奇》之后附《大忽雷传奇》，“惜二折以后残缺不完”，于是请苏州人、曲学大师吴梅补全，然后将两部传奇分别刊行。

高阁枕双雷

大小忽雷，又称双忽雷，由唐代江淮转运使、书画家韩滉于建中二年（781）入蜀后制成。这两把名器辗转千余年，从宫廷流落到民间，易主无数，从孔尚任到王斗南，从刘喜海到刘世珩，每次流转都堪称一部传奇。

明末清初戏曲家孔尚任（号东塘）于康熙三十年（1691）在京城得到小忽雷，把玩之后，与好友顾彩合作编写《小忽雷传奇》。小忽雷“龙首凤臆”，雕镂精绝，项间用篆书镌“小忽雷”三字，背镌“臣滉手制恭献建中辛酉春”楷书十一字，皆嵌银字。作为戏曲作家兼诗人的孔尚任得到宝物之后自然要风雅一番，于轸上题诗两首：

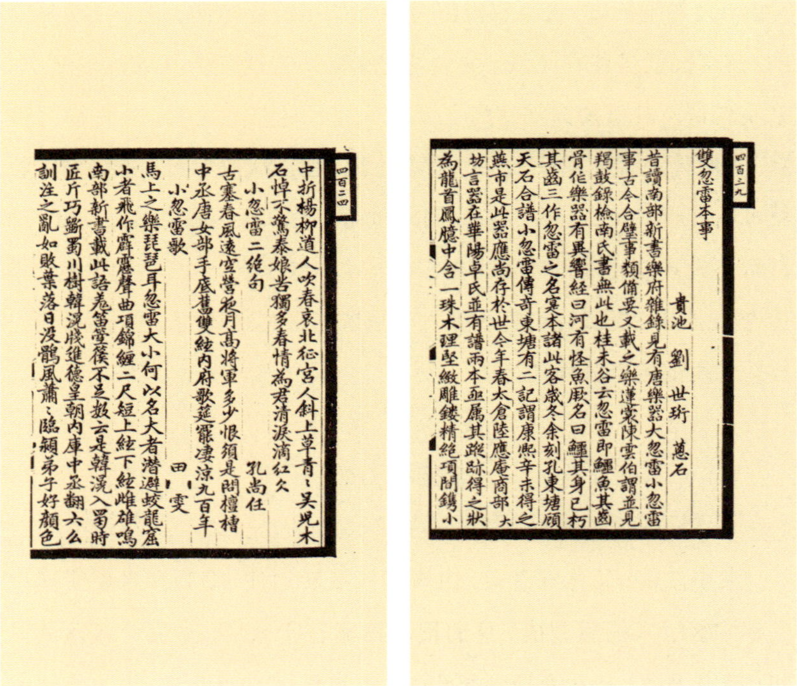

雙忽雷本事

貴池　劉世珩　蔥石

昔讀南部新書樂府雜錄見有唐樂器大忽雷小忽雷事古今合璧事類備要又載之樂蓮裳陳雲伯謂並見羯鼓錄檢南氏書無此也桂未谷云忽雷即鱷魚其齒骨作樂器有異響經曰河有怪魚厥名曰鱷其身已朽其齒三作忽雷之名寔本諸此客歲冬余刻孔東塘顧天石合譜小忽雷傳奇東塘有二記謂康熙辛未得之燕市是此器應尚存於世今年春太倉陸應庵商部大坊言器在華陽卓氏並有譜兩本亟屬其蹤跡得之狀為龍首鳳臆中含一珠木理堅緻雕鏤精絕項間鐫小

中折楊柳道人吹春哀北祇宮人斜上草青青吴兒木石悼不驚秦娘苦獨多春情為君清淚滴紅欠

小忽雷二絶句　孔尚任

古塞春風遠空營夜月高將軍多少恨須是問檀槽
中丞唐女部手底舊雙絃內府歌筵罷凄涼九百年

小忽雷歌　田雯

馬上之樂琵琶耳忽雷大小何以名大者潛避蛟龍窟小者飛作霹靂聲曲項錦纏二尺短上絃下絃雌雄鳴南部新書載此語羗笛螢篌不足數云是韓滉入蜀時匠斤巧斵蜀川樹韓滉貺進德皇朝內庫中丞翻六么訓注之亂如敗葉落日沒鷳風蕭蕭臨穎弟子好顏色

《双忽雷本事》书影

古塞春风远，空营夜月高。
将军多少恨，须是问檀槽。

中丞唐女部，手底旧双弦。
内府歌筵罢，凄凉九百年。[1]

孔尚任称赞小忽雷“质理之精，可方良玉。雕镂之巧，疑出鬼工”。他以诗文以传奇让我们了解小忽雷的故事。

刘世珩将小忽雷视为至宝，得到此宝后立即请著名翻译家林纾（字琴南）绘《枕雷图》并撰写《枕雷图记》。小忽雷已经在手，刘世珩心里不免惦念大忽雷，写下《小忽雷传奇跋》：“顾余以小忽雷迭经劫火，并未遗失，则大忽雷或尚在人间世，不能恝然忘也。”[2]没想到，双喜临门这等好事竟然很快就发生在他身上。那年冬天，刘世珩从古琴家张瑞山手中得到大忽雷，遂将“双忽雷阁”作为室名，并在居所“玉海堂”大门上自撰对联：“古今双玉海，大小两忽雷”。

刘世珩还将历代忽雷主人及相关文人雅士围绕双忽雷所写的诗、记等不同文体的文字辑录成《双忽雷本事》一书。林纾为此书作序，

1　汪蔚林编：《孔尚任诗文选》，中华书局1962年版，第196页。
2　（清）孔尚任，顾彩：《小忽雷传奇》，中州古籍出版社1986年版，第227页。

披露了诸多细节："庚戌之十一月，葱石参议饮余于双忽雷阁，时新得大忽雷未匝月，属余补作双雷之图，参议曾得小忽雷，余为制一《枕雷图》并记之矣。今雷双而图一，余喜其得双也，亦乐为补之。"刘世珩自己则撰写了题为"双忽雷本事"的序文，叙述双忽雷的前世今生及与他的缘分，此文紧随在林纾的序文之后，一起收录在《双忽雷本事》书中，落款时间为宣统二年庚戌嘉平月。

刘世珩先后获得大小忽雷，这是收藏家可遇不可求的美事，故他颇有感慨："顾小忽雷以东塘传奇而著，东塘传奇作于得器之后，今因刻传奇而得其器，又复于无意中更得大忽雷，亦云奇矣。东塘得一已足，今余竟并得之，不尤奇耶。呜呼！两忽雷制自晋公进之内府，时阅四代，屡更兴废，其间隐晦不显者不知几何年，乃聚而散，散而复聚，先后卒为延津之合，向来考古家求见其一且不可得，兹并得摩挲叹赏，殊自喜古缘之不浅矣！"[1]为了永远留住这不浅的缘分，刘世珩先后请何维朴、姜筠、林纾、顾麟士四位书画家为其绘制《枕雷图》。关于《枕雷图》，光绪十五年进士恽毓鼎在宣统三年八月初六的日记里也留下记录："为刘葱石题《枕雷图》引首。唐韩滉在蜀得坚木，制大忽雷、小忽雷各一（其制类琵琶），进于文宗，流传至今，皆归葱石。林畏庐同年为绘此图，葱石复详记其事。"[2]

1 《双忽雷本事》，1919年圣庼丛书，写刻本。
2 （清）恽毓鼎：《恽毓鼎澄斋日记》，浙江古籍出版社2004年版，第550页。

求画《枕雷图》

刘世珩说，所请四位书画家均于宣统二年嘉平月完成画作，其实不然。苏州市档案馆收藏了一通落款为二月十七日刘世珩致顾麟士的书信，从中可以获悉顾麟士的画作完成时间当在宣统三年二月十七日之后，因为刘世珩得到大小忽雷的时间为宣统二年春天和冬天。从刘世珩致顾麟士的这通书信中可以得知顾麟士为其重画《枕雷图》的往事，其主要内容如下：

鹤逸仁兄世大人阁下：辱为重制《枕雷图》，至为感泐，但布景松以五株、竹以七竿、菖蒲以九丛，次题宣统庚戌嘉平，用再陈之。前《枕雷阁图》二帧尚望兄必许也。鹤逸兄重画《枕雷图》润洋百元附去，前之二幅，尚须检寄。此兄负责者，不得不促矣！

从信中可以得知，刘世珩对《枕雷图》的构图及落款时间均提出具体的要求，画作润笔费为百元。仅凭一通书信很难确定顾麟士是否为刘世珩画过《枕雷图》，但从顾麟士的《鹤庐画趣》所收录的诗作可以得知，刘世珩不仅得到顾麟士的画，还得到题诗。顾麟士收到刘世珩的信后，按照他的要求作画，并为《枕雷图》题款：“宣统庚戌嘉平

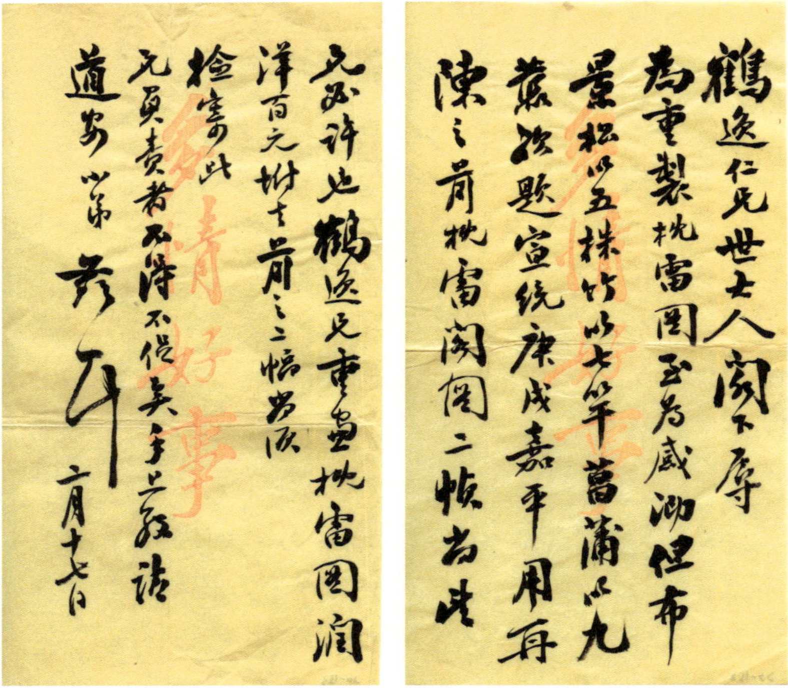

刘世珩致顾麟士函　苏州市档案馆藏

月为葱石世长先生写并附小诗”，诗曰：

存叟运千甓，平翁抱两罍。
刘郎更好事，高阁枕双雷。

难得唐公物，终归天禄堂。
千年离复合，持傲孔东塘。[1]

顾麟士诗中所提及的平翁指侨居苏州的吴云，吴云在苏州听枫山馆构建两罍轩，存放他钟爱的金石鼎彝；天禄堂指当年刘世珩在京城的居所西堂子胡同天禄西堂。刘世珩与顾麟士因双忽雷开始他们的交往。之后刘世珩“赠瑶签”给顾麟士，瑶签借指珍贵的书籍。“投我以桃，报之以李。”1915年立夏，顾麟士以诗相赠，表达感激之情：

中丞妙轴拾遗弦，璧合崇朝定有天。
海国鲸涛怒飞裂，小楼双枕忽雷眠。

感君家刻赠瑶签，凭报斯图恨尚廉。

1 (清)顾麟士:《鹤庐画趣》，文汇出版社2018年版，第5页。

馋守吴兴当失笑，一诗曾换两团尖。[1]

历史学家陈寅恪的父亲陈三立也写下《题刘聚卿枕雷图》五言诗："大小双忽雷，故事越千祀。伐材奉使中，巧制韩滉始。变乱散唐宫，历历兴亡史。收玩几名流，燕庭资嫁女。奇遇到今世，尤物合两美。曾登主人阁，拂拭傲绿绮。……终期调黄钟，雌雄凤吟起。"[2]

除了请何维朴、姜筠、林纾、顾麟士四人作画外，十余年后刘世珩又请素有"江南老画师"之称的无锡书画家吴观岱为其绘《枕雷阁图》，吴氏题识："葱石五兄先生属画，即乞方家鉴诲。弟吴观岱。"1962年，吴湖帆的红颜知己、画家周炼霞从刘氏后人手上得到双忽雷的照片，于是创作了一幅古代仕女弹奏小忽雷场景的画，并题跋："冰弦牙轸紫檀材，院本曾传小忽雷。难在新声惊绕殿，东风催得百花开……"

刘之泗（1902—1938），字公鲁，富有才艺，风流倜傥，以名士自居，娶无锡杨锡华（字菀伊）为妻，育有四子五女。刘世珩过世后，因上海生活成本高，刘之泗于1930年举家迁苏，定居在苏州大太平巷34号，大小双忽雷及其他大量古籍善本、字画古玩跟随主人来到苏州。其实刘之泗对苏州并不陌生，定居苏州之前，他经常来苏游玩，苏州

1 （清）顾麟士：《鹤庐画趣》，文汇出版社2018年版，第7页。
2 陈三立著，李开军点校：《散原精舍诗文集》，上海古籍出版社2003年版，第625—626页。

永慧禅寺的石壁上留有当年的印记:“甲子二月十日,刘公鲁偕妻杨菀伊来游。”甲子年当为1924年。因家藏宏富,刘之泗与姑苏文物界、古玩界和书画界的朋友都有交往,与印光法师很投缘,印光法师以《贵池刘公鲁臼齿佛记赞》相赠。刘之泗与王季迁、吴子深都与过云楼顾氏产生交集,虽然顾麟士一生从不收徒,但对有志于从他学画的青年人无不热情指导,故刘之泗等三人当时被戏称为顾麟士的“半个头学生”。除刘之泗非以作画为专业外,王季迁、吴子深均享誉画坛,吴子深还是苏州美专的主要出资人。

1937年11月,抗战硝烟弥漫祖国大地,苏州很快沦陷,刘之泗为了护卫珍藏、侍候老母,留守家中,不料日寇强行闯宅搜索,不仅财物和藏品被抢,他自己也因惊吓过度于那年冬天离开人世。刘世珩所刻之枣木书版则寄存在怡园,之后全部收藏于扬州。时光流转,刘世珩千方百计得到的双忽雷再度易主,如今珍藏在故宫博物院。

杨守敬与顾文彬祖孙的情缘

杨守敬(1839—1915),出身于湖北宜都一个商人家庭,谱名开科,榜名恺,更名守敬,字鹏云,号惺吾、星吾、心物,晚年自号邻苏老人。杨守敬于二十四岁时成为举人,之后屡试不中,于是一生专注学问,从而成为清末民初杰出的历史地理学家、金石学家、目录版本学家、藏书家、书法家,被称为“晚清民初学者第一人”。宜都在当时属于边远之地,在此生活的杨守敬似乎不会与苏州产生交集,然而太平天国运动让杨守敬与苏州人顾文彬相遇相识。杨守敬写给顾麟士的三通书信,就为我们揭秘了顾、杨两家的一段交谊。

咸丰十年(1860),顾文彬因为父亲、妻儿先后离世,便不顾上级领导官文的极力挽留,毅然辞职,准备回苏守制。然如火如荼的太平天国运动,中断了他的回家之路,顾文彬只得滞留湖北,遥想故土。在顾文彬的自订年谱中,记录了他与儿子顾承在湖北宜都生活的一段经历:咸丰十一年,父子俩“由荆州而至宜都县,署县令者即魁荫庭之子,登岸觅寓,适郑谱香(兰)亦挈家避居于此,朝夕过从,尚不十分岑寂。

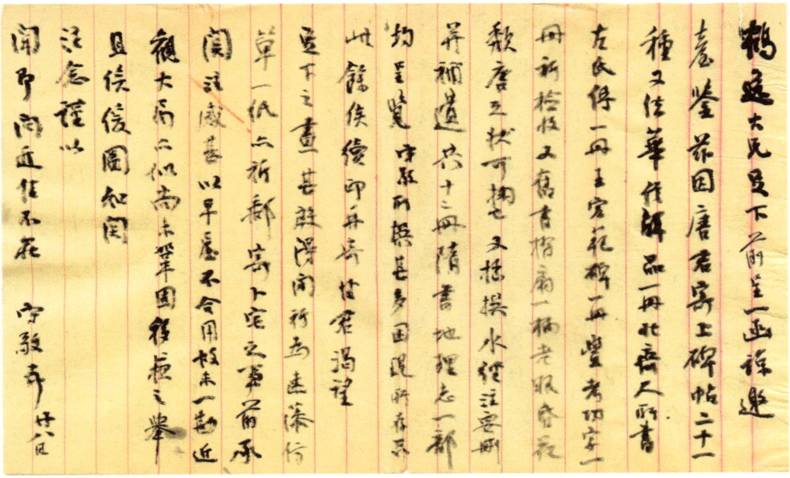

杨守敬信札　苏州市档案馆藏

在宜都过夏”。顾文彬所租房屋正是杨守敬家的，因此青年杨守敬得以结识顾氏父子。在这里，顾文彬为过世的祖父母、父母亲、妻儿撰写了七篇行略，叙述他们的生平经历及其为人处事风格，其行略落款均为“顾文彬记于陆城寓馆”。陆城杨宅成为顾文彬避难途中回忆往事、思念亲人、记录家史的地方，也是杨守敬与过云楼结缘之所。同样，杨守敬在自编《邻苏老人年谱》中也对结识孙璧文、郑兰、顾文彬的经过做了描述：“是年，有太平孙君玉堂（璧文）避乱宜都，在太平会馆授徒，其人勤学不倦，因与之交。适余杭郑谱香（兰）亦避乱至宜都，租余屋居之，因其晒书，见六严《舆地图》，假之而与孙君各影绘，无闲昕夕，余成二部，孙君亦成一部。谱香知之，乃大激赏。会谱香以吾屋差小不能容，移居于向家巷，而以吾屋转租元和顾子山（文彬），顾本吴中文豪，见余好古，亦大加青眼。”[1]一次机缘巧合决定了人生的走向，杨守敬因见到郑兰收藏的《舆地图》而爱上了历史地理学，其代表作《水经注疏》是郦学史上的一座丰碑。因结识顾文彬、顾承父子而与苏州结缘，并在半个世纪后与顾麟士相交往。短短的几个月内，杨守敬与顾文彬成为忘年交，从杨氏的话中可以看出顾文彬对他的欣赏。需要说明的是，杨氏文中的“是年”是指咸丰八年，顾文彬年谱所记的租屋时间是咸丰十一年，可能咸丰八年是杨守敬将屋租给郑兰的时间，租给顾文彬应是一段时间之后的事情，而杨守敬未分年记叙。

从十九世纪中叶到二十世纪初，历经咸丰、同治、光绪、宣统四个皇帝后，辛亥革命爆发，中国自此进入了崭新的时代。这五十年的岁月，物是人非，顾文彬、顾承父子精心打造的书画王国过云楼也传到顾麟士的手上，杨守敬离开老家湖北，辗转来到上海。1913年，他从上海来到苏州，在苏州寻租房屋。他顺道拜访顾麟士，恰巧顾氏不在府上，杨守敬遗憾地留下字条回沪，顾麟士见到字条立即复书致歉。杨守敬事后写信向顾麟士回忆与顾文彬相识的情形：“咸丰末年尊祖子

1　谢承仁主编：《杨守敬集》（第一册），湖北人民出版社1988年版，第9页。

山先生及令叔敬叔先生避粤匪之乱，僦居鄙舍，其时守敬方弱冠，屈指今已五十余年。前日匆遽，言三十余年者误也。及光绪辛卯守敬由日本归，迂道过苏，谒子山先生，康健如昔，而敬叔已不及见。曾蒙示以珍藏书画，又赐以怡园集帖，惜未与足下接洽为恨。”由于时间久远，杨守敬的记忆有误，在这通书信里有两个小差错，一是“令叔敬叔”，其时陪伴顾文彬居住杨宅的是顾麟士之父顾承（字承之，号骏叔，又号乐泉），故非“令叔敬叔”，应是“令尊骏叔”；二是光绪辛卯年为光绪十七年（1891），而顾文彬已于光绪十五年过世，顾承逝于光绪八年，杨守敬则于光绪十年归国，于此推断他拜访顾文彬的时间当在光绪十年。杨守敬在日本时期所刻的各种书籍受到潘祖荫、李鸿裔的夸奖，“惊叹欲绝，谓宋以来所未有，国朝诸家仿刻不足言也”[1]。在杨守敬回国后不久，时任湖北巡抚的苏州人彭祖贤正在组织人力编写《湖北通志》，其中“沿革”章节无人撰写，遂请杨守敬承担编写任务，不巧的是不久后彭氏过世，而修志之事也停止。

杨守敬在信中向顾麟士诉说近几年遭遇：“前年八月武昌事起，守敬仓黄出城……至上海，以卖字为活，家产荡尽，所剩书数千百箧，书版数千块而已。无处庋阁，卖之亦不能骤尽。”一介书生，因为朝代更迭，而离乡背井，在上海以卖字为生。听说苏州空屋颇多，可租可

1 谢承仁主编：《杨守敬集》（第一册），湖北人民出版社1988年版，第18页。

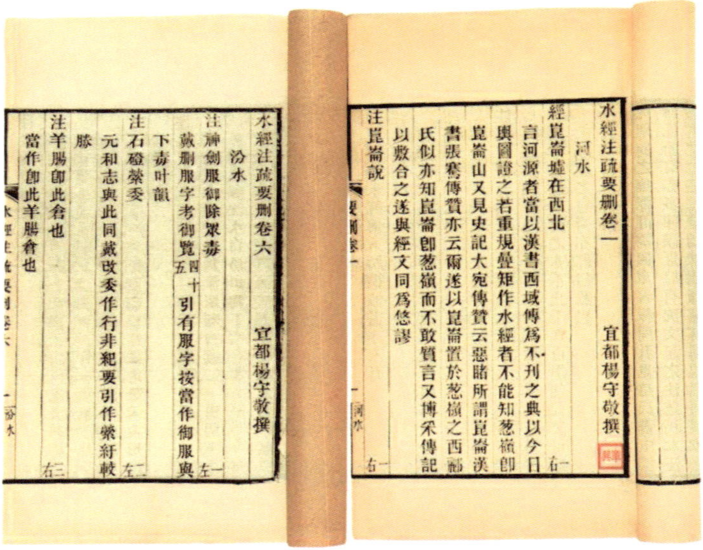
水經注疏要删卷一　宜都楊守敬撰
河水
經崑崙墟在西北
言河源者當以漢書西域傳爲不刋之典以今日
輿圖證之若重規疊矩作水經者不能知葱嶺卽
崑崙山又見史記大宛傳贊云惡睹所謂崑崙漢
書張騫傳贊亦云爾遂以崑崙置於葱嶺之西酈
氏似亦知崑崙卽葱嶺而不敢質言又傅采傳記
以敷合之遂與經文同爲悠謬
注崑崙說

水經注疏要删卷六　宜都楊守敬撰
汾水
注神劍服御除衆毒
戴删服字考御覽四十五引有服字按當作御服與
下毒叶韻
注石磴縈委
元和志與此同戴改委作行非紀要引作縈紆較
勝
注羊腸卽此倉也
當作卽此羊腸倉也

《水经注疏要删》书影

购，特地到苏州一探虚实，在介绍人的引荐下查看潘季儒的房屋，可是屋子实在太大，吓得杨守敬不敢“问价”。介绍人说至少三万元，而房东潘季儒得知杨守敬有在苏州置产的想法，立即寄上房屋图纸，开价四万五千元。杨守敬本意花费数千元而已，如今这个价格彻底吓退了杨守敬，以致他“望洋而叹”，而且潘家房屋过大，并非他所想要的。杨守敬告诉顾麟士，他原计划寻找的房屋只要“能容书架，不过数千元，惟必有空地以置书板，或有废园尤为合宜，又必有水道可通，缘书板笨重之物”。面对潘氏的热情，杨守敬没有直接拒绝，而是请顾麟士转达他的意思，他在信末附言：“潘君处未别作答，缘连日受暑，眼昏不能多作字，容当报命，祈转敬意。”

顾麟士收到杨守敬的信后，为他寻找合适的房屋，但杨守敬对其提供的卜宅信息并不满意，认为不合用，故也没有再到苏州实地勘查。因时局尚未稳定，杨守敬考虑还要等些时候再决定是否搬家，是否到苏州生活。

虽然杨守敬没能在苏州租屋定居，但他与顾麟士的交往还在继续，既有交流书籍之事，又有求画之请。杨守敬夸奖顾麟士“六法冠绝海内，敝友甘君翰臣尤所倾倒，欲嘱守敬介绍求一小帧，以偿夙慕”，表示友人甘翰臣决不吝啬润笔之资。甘翰臣（1859—1941），字屏宗，晚号非园主人，广东富商，上海愚园主人，上海怡和洋行总办、公和祥码头买办，喜爱收藏古玩、金石书画，与康有为、陈三立、吴昌硕等名流雅士相交往。同时，杨守敬自己趁机“求一小帧以为纪念”。过了半个月，没有得到顾麟士的回音，杨守敬再次写信，表示甘翰臣正在急切等待顾麟士的画作，“祈为速藻”。在这通书信中，杨守敬还谈到一些珍贵古籍：“兹因唐君寄上碑帖二十一种，又《法华经解品》一册，北齐人所书《左氏传》一册，《王宏范碑》一册，丰考功字一册，祈检收。又旧书折扇一柄，老眼昏花，颓唐之状可掬也。又拙撰《水经注要删》并补遗共十二册，《隋书地理志》一部均呈览。”信中提到的

《水经注要删》全名为《水经注疏要删》。杨守敬著作甚丰，但此时所余不多，故他表示等将来续印后再送给顾麟士。顾文彬、顾承父子以收藏书画为主，旁及古籍、泉币、印章等，而顾麟士则扩大古籍善本的收藏。当时藏书家之间经常交流书讯。

杨守敬继续在上海卖字度日，然而由于他在社会上的影响力较大，而北洋政府"国基新造，礼乐未兴，端赖硕彦名儒润色鸿业"，故1914年袁世凯聘请他为政府顾问和清史馆纂修，杨守敬以"年老无意出山"为由婉拒，然对方再三邀请，力辞不获，不得不北上就职。据《邻苏老人年谱》记载："大总统优礼有加，复以参政相属，先生谓政治学非所长，力辞不获，每会议，因时制宜者，先生莫不赞成。尝提议编辑《正气集》，发明忠孝节义，使国人有所观感，识者叹为扼要之论。"[1]然杨守敬还未等到把理想付诸实践，便于第二年一月谢世，而他也没有再到苏州生活。

战争改变人类活动与个人的命运，因太平天国运动，青年杨守敬结识中年顾文彬，因武昌起义，老年杨守敬又到苏州拜访中年顾麟士，无法说清楚的人生机缘让杨守敬与顾氏祖孙相遇。杨守敬留下的三通书信记录了他与顾氏的缘分与情谊，以及他们那代人对优秀传统文化的共同热爱。

---

1 谢承仁主编：《杨守敬集》（第一册），湖北人民出版社1988年版，第28页。

冒广生与顾麟士的交谊

冒广生（1873—1959），字鹤亭，号疚斋，江苏如皋人，与明末清初大才子冒辟疆同宗，举人出身，历经晚清、北洋政府、国民政府等不同历史时期。中华人民共和国成立后，他被聘为上海市文管会特约顾问，还受到周恩来、毛泽东的接见。冒广生一生辗转南北，一度生活在苏州，因此与苏州籍的顾麟士、江标（字建霞）、曹元忠（号君直）、金彭（字心兰，号冷香，又号瞎牛）及客居吴门的吴昌硕、费念慈等相识相知，成为终生好友。通读上海博物馆图书馆编辑的《冒广生友朋书札》和过云楼藏冒广生信札，可以一窥他们的知己情、文字缘。

冒氏世家

如皋冒氏最著名的两位当推明末清初文学家冒襄和近现代著名学者冒广生，巧合的是他们同一天生日，或许这预示着他们均会成为冒氏家族的佼佼者。冒襄（1611—1693），字辟疆，号巢民，一号朴庵，又号朴巢。作为复社四公子之一，冒襄才华横溢，风流倜傥，更因与苏州女子董小宛的爱情故事，为后人所津津乐道。

很多文章讲冒广生是冒襄的后裔，其实他们只能算同族之人。据《冒鹤亭先生年谱》记载，冒广生在冒氏谱系中属于二十世，冒襄则是十二世，冒广生的九世祖士振与冒襄的曾祖士拔是亲兄弟。如皋是他们的根，但自十六世祖冒钰流离至鄂，至第二十世孙冒广生那一辈，“五世皆他于外，旧宅已易他姓”。直至民国六年（1917），冒广生才赎回冒家巷西街冒襄旧宅，重建家园。

冒广生的曾祖父冒芬，字伯兰，道光年间以“佐杂分发广东”，自低级官员——巡检做起，逐渐升任开平、曲江、乳源等县知县，所生五个儿子分别在广东、广西、江西、云南任职，最高的做到知府一级。祖父冒保泰，字文川，署两广盐运司批验大使，殁于广州。冒广生的父亲冒树楷（1856—1878），字子端，于光绪元年（1875）“以按察使司经历，分发福建补用，加提举衔”，后因剿匪有功保升知县，只是还未在官场一展才干就于光绪四年客死邵武。冒家虽非显达的官宦之家，但也不是普通百姓，长辈们十分重视对儿孙的教育，因此走科举道路是他们的必然选择。

冒广生的母亲周萱（1853—1921）来自山阴的名门望族周家，她的四位伯父与父亲周星诒均为兼具官员与学者双重身份的人物，名倾一时。周萱二十岁那年，嫁给比她小三岁的冒树楷，婚后生育一子一女，儿子因出生于广州而取名广生，小名阿灵。冒广生四岁时，祖父冒保泰就命他入塾读书，他是私塾中年龄最小的学生，却“聪颖诚笃”，一幅《桐荫绕膝图》描绘的就是年幼的冒广生侍立桐荫下的场景。六岁那年，周萱亲自教他读《毛诗》。可惜美好的生活才开始，冒树楷就早早抛下妻儿到另外一个世界去了，周氏年仅二十六岁就开始寡居生活。好在冒氏和周氏两个家族都有官场中人，孤儿寡母多少得到庇护与帮助。从此，周萱带着一双儿女跟随冒保泰及其兄长生活，又与同在广州的伯父周星誉相往来。周星誉（1826—1884），原籍河南祥符，世居浙江山阴，道光三十年（1850）进士，官至两广盐运使。冒广生七八岁时就能作诗属对，深得周星誉的欢心。周星誉称他遗传了周氏的读书基因，亲授唐诗及《诗韵要义》。周星誉十分关心侄女周萱的生活，当得知她分家所得仅二百六十两银子时，立即拨出数百两凑成一千两存入钱庄生息，以满足其日常所需。

冒广生的外祖父周星诒（1833—1904），字季贶，官至福建建宁知府，以事获谴革职，于光绪二十一年定居苏州。周星诒性嗜藏书，是清代著名的藏书家和版本目录学家，著有《瑞瓜堂诗钞》《勉熹词》等。周氏兄弟五人“俱文学显名”，冒广生收集他们的著作，编辑出版《五周先生集》，并请俞樾作序，以报外祖家的恩情。冒广生自谓外祖父是他在学问上受益最多的人，而周星诒也将他视为自己学术生命的传承者。周星诒在其独子过世后，将所有藏品赠给冒广生。

一举成名

周萱十分能干，兼挑父职，这是幼年失怙的冒广生之幸，而周萱之幸在于儿子聪明伶俐，不负所望。据《冒广生母周氏》（清史馆传稿资料）所云："广生幼颖异，亲课之读，及长能文，由举人试经济特科……"光绪十六年，冒广生十八岁时，回到故乡如皋参加县试，名列第一，接着参加州试，又取得第一的好成绩，成为一名秀才。如此优异的成绩，足以告慰长眠地下的父亲与含辛茹苦的母亲。光绪二十年对冒广生来说意义非凡，他得中举人，其试帖诗被称为"诗冠通场"，副主考官黄绍第对其十分欣赏，托人做媒，将女儿黄曾葵许配给他，一时被美谈为"文字姻缘"。遗憾的是，以后冒广生屡试不售。

光绪二十二年正月，他与黄氏新婚燕尔后来到苏州，与外祖父一起生活在孔副使巷，一住就是两年，之后又频频来苏。周星诒与俞樾、郑文焯、文廷式都有交往，苏州的人文环境令周星诒感慨万分："念此友朋赏析、文史蒐罗之便，不免恋恋吴门。"[1]这些也滋养并影响着年轻的冒广生，他不仅积极结识顾麟士这些同道，而且如饥似渴地研读周

1 上海博物馆图书馆编：《冒广生友朋书札》，上海书画出版社2009版，第16页。

星诒珍藏的数万卷古籍图书与金石书画，并且得到外祖父亲授，目录、校雠之学成为他的学术方向。

尽管一直接受传统的教育，但年轻的冒广生目睹清廷的腐败，又长期在广州生活，时刻接受新思想、新文化。光绪二十四年戊戌变法之时，冒广生入京参加“公车上书”，名列于保国会之中。冒广生与“戊戌六君子”之一的林旭相交极深，并陪伴他度过了被捕前的一个晚上。变法失败之后，冒广生滞留京城，成为刑部郎中，为谋生远离亲朋好友。

情系吴门

冒广生身在北京，心底却时时牵挂苏州的亲友，与顾麟士的书信来往中多次表示无法忘却吴门旧雨，真心希望与两三知己“谈诗论画”。他在一通给顾麟士的信中写道：“弟久不得觇老书，不知其病体复元否？”因要生存，冒广生必须在外谋职，尽管只是一个小京官，也不得不赴任，一想到与外祖父不知“何日再见，思之常怆然”。顾麟士等在苏州的朋友们了解冒广生的心情，知道他放不下外祖父，故时常看望周星诒，及时告之周老的情况：“季叟斋中，弟五日内必一往，今年精神逊于上年，近更严寒，气分益弱。”[1]周老在家书中也说“鹤逸、

1 上海博物馆图书馆编：《冒广生友朋书札》，上海书画出版社2009版，第279页。

瞎牛隔至四五日必一枉顾，苍石在吴亦时晤”。

家事如此，国事更让人担忧。有一次冒广生在信中谈论朝堂大臣的表现，“东事日亟，袁、张召对，毫无建白，言官屡参”，善化被人参“前仰鼻息于荣禄，后听指挥于奕劻”，荣庆被人参“既不虚心，又不用心，举祉高心不固矣”。另一位叫王聘三的则上奏：“哀莫大于心死，如某某者倘所谓心死者耶。”希望在哪里？冒广生内心迷茫，他对顾麟士言道：“未来之事，其黑如漆，如之何哉？”光绪庚子年，正是多事之秋，作为一名爱国者，冒广生希望国家强大，祈愿“天佑中国或无分裂”。

冒广生终究是一介书生，他缺少长袖善舞的本领，因此他在仕途上并不顺畅，数年后从刑部调到农工商部，他依然是郎中职位。随着清王朝的覆灭，他又到北洋政府任职，先后被派到瓯海、镇江、淮安关出任监督。周萱过世后，冒广生毅然辞职，埋头学问，在早年写给顾麟士的信中，他再三说自己“麋鹿之性，颇厌樊笼”，早有归志，只是为生活所累。

相比之下，冒广生的好友顾麟士没有走科举之路，有祖上积累的财富支撑，无须为五斗米折腰，其生活、交游基本以苏州为中心，并与来自全国各地的冲着怡园、过云楼及其名号的文人雅士交往。由于苏州生活成本高，冒广生的母亲决定到如皋生活，而他本人长期奔走于江浙沪一带，京城一度是他谋生的重地，只有南归时他才能与顾麟士等好友相见。

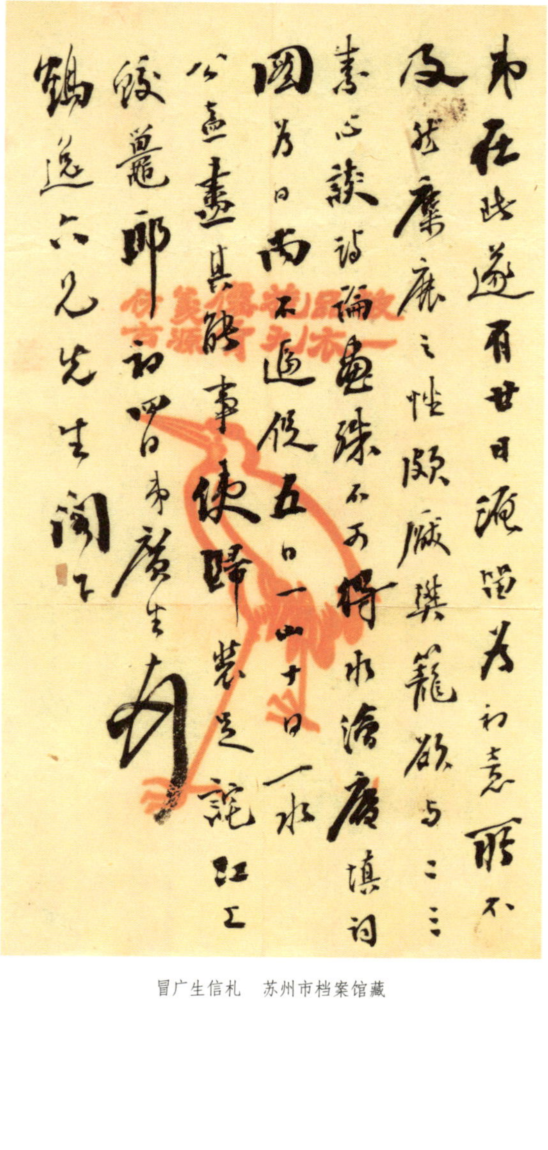

冒广生信札　苏州市档案馆藏

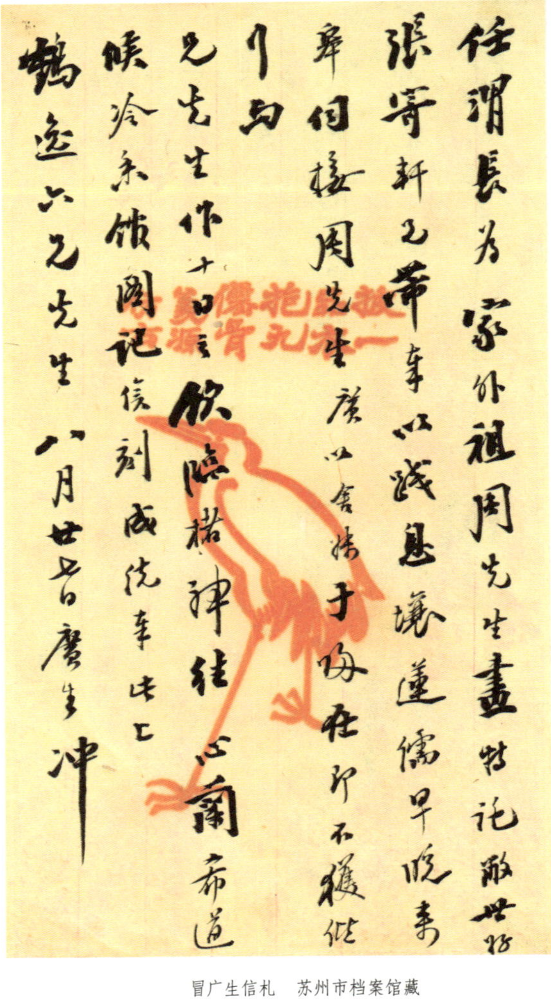

冒广生信札　苏州市档案馆藏

兄弟情深

光绪二十五年八九月间，周星诒从如皋返苏，冒广生因妹妹即将出阁，不能陪同外祖父回苏，心里十分遗憾，他写信给顾麟士，企盼“与兄先生作十日之饮，临楮神往”。冒家妹子出嫁之时，顾麟士以厚礼相赠，冒广生感谢之余，不忘提醒对方画《水绘庵填词图》。没多久，冒广生又写信提起此画，说“图为日尚不逼促，五日一山，十日一水，公盍尽其能事”，冒广生嘴上说不急，其实是婉转地催促顾氏作画。《小三吾亭诗》收录了冒广生为顾麟士《水绘庵填词图》所作的诗：“冬至关河万木枯，太行西去路崎岖。请君换我伤心泪，更写明皇幸蜀图。”[1]他十分推崇顾麟士的画艺，在手札里称顾麟士为“廉州、石谷之后一人”。周萱五十大寿之时，顾麟士寄赠《山水巨幛》寿画，冒广生的同年曹元忠题跋，此画被冒氏珍藏，“以为子孙永宝”。

冒广生在信中告诉顾麟士，说外祖父周星诒对其画也极为欣赏，“使笔使墨均无间言，若能加深沉之思、雄伟之致，四王恽吴何独擅美？与兄相期，不在百年，冀更勉旃，毋自封也”。只有真朋友才会如此坦诚地说出自己的想法，他们之间的真心实意可见一斑。光绪

1 冒广生《小三吾亭诗》卷一，冒氏家刻本。

顾麟士绘、周星诒题跋《苇柳新意图》 过云楼艺术馆藏

二十九年春天，周星诒为顾麟士所画扇面题诗："水乡曾领湖天趣，读画依然似见之。记得画眉桥北望，偶因洗砚立多时。"[1]

1921年冬天，冒广生的母亲周萱离世，其灵柩暂停在镇江玉山，准备百日后归里安葬，顾麟士以"唁函并诔联"表达哀思。第二年三月十四日，冒广生在给顾麟士的信中表示当下时局不稳，能够"早日落土，早了大事"则是大幸。同时他向上级提出辞职，声明"此身此官与吾母为进退"，但江苏督军齐燮元与省长王瑚并不接受他的辞呈，"以借重长才，成全大节，二者权衡，尚难解决，予以挽留"。冒广生去意坚决，最终获财政部长同意："孝思纯笃，亦未便过拂。"冒广生不顾"军民两长"的再三挽留，以"丁忧"为借口辞职归里，实际是他早已厌倦

1 王克盛主编：《鹤逸清风——顾麟士书画精品集》，古吴轩出版社2015年版，第56页。

官场生活。1922年12月13日，冒广生“送母周太夫人棺赴绍兴入土”，所幸天气晴好。月底，他就回到如皋，专心整理文献，并写信告诉顾麟士他的生活状态：“谢绝人事，不与宴，不作诗，日惟刻先世遗著及往年撰述，虽又成十数册，终无断手之时。”

他一心想到吴中游玩，会见故旧，可惜“屡行屡止，意绪可知。追念己亥、庚子间与兄及建霞、屺怀、心兰诸公游此后，遂同隔世”。当时江标、费念慈、金彰都已谢世，令冒广生伤怀。在这通书信中，冒广生还提到一件心事，这件心事与《查声山写经图》有关。

求《写经图》

查昇（1650—1707），字仲韦，号声山，海宁袁花人。清康熙二十七年（1688）进士，选翰林院庶吉士，授编修，著有《澹远堂集》，时人称查昇书法、查慎行诗、朱自恒画为“海宁三绝”。康熙三十一年，查昇居母忧时，曾请当时著名的山水画家俞培画《写经图》，呈现查昇“坐石岩下，岩上嵌佛象，前横石案，案上略具图文并茂书笔砚，吮毫摊卷，若有所思，两童子于榭下烹茶”的画面，高士奇、查士标、查慎行、钱名世等名流纷纷为之题跋。1919年，冒广生初见此卷就十分喜欢，与店家谈好价钱，放置案头“旬日”，可想到高堂健在，不应购此画，遂放弃。

周萱过世后，冒广生托在京工作的妹夫吴用威寻觅此画，然此画被南海谭祖任（字篆青，一作篆卿）买去，巧合的是没过多久谭母就过世了。于是冒广生评论此卷为不祥之物，但他并不忌讳，说“自维此生既为不祥之人，乞兄为我仿图并记其事，以志鲜民之痛”，恳切地希望顾麟士为他临一卷，“长约三尺足矣”，令其母之名借此多传数百十年。

上述写信的时间当为1922年。顾麟士直到1927年9月才完成此画，中间隔了整整五年，个中原因不得而知。那年中秋前一日，顾麟士致函冒广生，告知已完成《写经图》，拟好题跋，说请冒广生定稿后再“写上较为妥当，惟字数不可过多，原纸余地有限，不能多写”。冒广生立即回函，建议写“写经”或加“仿查声山先生”六个字。他实在太看重这幅作品了，特地关照顾麟士用“油纸封固”此画，并挂号寄出，表示要请海上故人题咏，而他自己也将以“长五古奉谢高谊”。顾麟士根据冒广生与《写经图》“奇遇”的故事，写下跋语：“如皋冒鹤亭兄囊在京师厂肆，见康熙壬申年海宁俞培为查声山先生画《写经图》，题者二十余家，皆并时闻人，时声山方居忧也。议值已谐，置斋头月余，既念有母在，嫌其不祥，舍之。迨辛酉之冬，吾伯母周太夫人弃养，下兆既竟，追忆前卷，驰书京师求之，已归南海谭氏。鹤亭每晤必怅然及之。为仿龙眠法补写此图，以抒真鲜民之哀，请视效俞图书何如也。”在题跋中顾麟士说冒广生将《查声山写经图》“置斋头月余”，实际上冒广生在信中说的是“旬日”，这里显然是笔误。

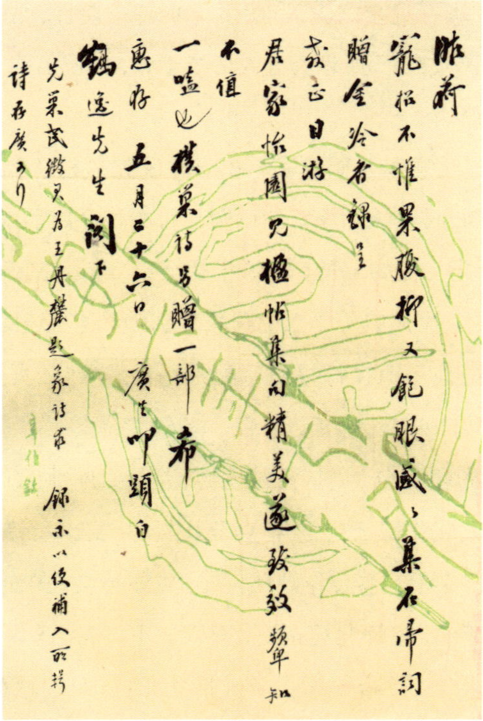

昨荷
寵招不惟果腹抑又飽眼福集石帚詞
贈金冷香録呈
哉正日游
君家怡園見楹帖集句精美遂致頻舉知
不值
一噱也積翠詩另贈一部希
惠存 五月二十六日 廣生叩頭 白
鶴逸先生閣下
先君武徵公為王丹麓題象詩有 錄示以便補入所輯
詩存廣又及

冒广生信札　苏州市档案馆藏

9月14日，冒广生收到《写经图》时，赞叹不已，表示如皋没有好的装裱师傅，决定将此画带到上海，请吴昌硕书引首，陈三立诸公题跋，然而那年11月吴昌硕就过世了，冒氏之愿落空，两年后由光绪十六年进士朱益藩题真书引首。冒广生原想写的五古也改成七古，他向顾麟士

“撒娇”说：“竭一昼夜之力，如做秀才时应书院课，成长七古一章，晨起书之，即求大教。”所谓秀才人情纸半张，两位老兄弟之间以画以诗传递他们的友情。

冒广生除了请顾麟士画《写经图》外，又先后请陈仁先、王一亭、溥心畬等作同题材《写经图》，自己则在每幅作品之后赋诗，十二幅诗画合一的手卷成为他的宝贝。1954年初至第二年春，风雅的冒广生又请唐云、俞子才、吴湖帆等十二位画家分别创作《写经图》，但此次尺寸为一尺见方，他仍旧在每幅图后配诗一首，这十二页与前十二卷可谓“双璧辉映”。1955年春天，最后一幅《写经图》由吴湖帆与周炼霞合作完成，吴湖帆着色，周炼霞补人物、屋宇、舟桥、石塔，沈尹默题行书引首。吴湖帆作跋云：“今年春节往贺岁，丈出示诸卷，余与炼霞同读一过，因以第十二卷合作殿尾自任，丈亦笑会。归而图之，不觉气蒸云梦，心系潇湘，追怀北苑南宫，双管齐下，淋漓满幅，聊慰丈白云孤飞之心，并希察正，得不谓小子狂情犹未已耶！”顾麟士与吴湖帆同为苏州人，其妻室为潘家同族姐妹，《写经图》因此多了一份别样的情趣与苏州元素。需要补记一笔的是，其实早在1930年6月，冒广生再次与俞培创作的《查声山写经图》相遇，《写经图》原作终于成为其珍藏。

宽慰良友

1917年6月，时任温州“瓯海关”监督的冒广生得到顾麟士母亲朱太夫人过世的讣告，立即写信宽慰，并寄上挽幛表示哀悼之情。冒、顾两人一别已十余年，其间顾麟士的弟弟顾麟澥过世，现在又有母亲之丧，故冒广生劝慰对方：“兄之颠连无告，至为可念，时事未靖，当以早日安葬为第一义。昌硕近亦有鼓盆之戚，君直闻以医隐，愧其高尚，吴门旧雨渐渐零落，存者亦各衰老矣。”他邀请顾麟士“来瓯作雁荡之游，舟车之资弟当任之，平生交游日少一日，年内新进多不识姓名，甚欲与兄一把臂谈也”。没有史料显示顾麟士的雁荡之行，但从中可以了解他们的情义及对彼此的关心。

自1922年至1927年的信中，他们讨论家庭琐事，相互劝导。冒广生在1922年的信中说：“闻人言潭府为钱庄所累，几动怡园之产，昨又闻有告白顾氏已脱离关系，未得其详。不知为兄家第几房事，抑即兄事？损失共计若干？至以为念。”在1927年的一信中又提到：“君家清门世德，而风会趋向亦有随之而靡者，遂使孑遗一老艰难支柱……诸事能化大为小、化小为无，即稍吃亏，亦只可毒来慈爱，俟得大解决后，世兄心神一获愉快，病必霍然。”不久冒广生继续劝导顾麟士“勿以不如意之事入其耳根，即是医心方也”。

顾文彬过世后，后人中有顾煦、顾荣两个庶出的儿子及为数众多的孙辈们，大家族关系复杂，自然少不了矛盾，顾麟士身处其中，自然也不能避免，但有了冒广生这样的良朋，内心必然宽慰不少。冒、顾两人相互关心彼此的生活，给予对方精神支持，但交流得更多的是书画文字，一个求画，一个求文，成全彼此的风雅与意愿。

千古文事

冒广生应顾麟士之请，先后写下《鹤庐记》《清故宁绍台道顾公艮盦祠堂碑》《顾氏子高墓碣》，之后顾公雄及其兄弟又请他为顾麟士撰写墓志铭，这些文字既是珍贵的资料，又涉及顾文彬、顾麟士、顾公雄三代人，顾、冒两家的交谊可谓深长。

顾文彬卒后，吴中官员追念其功劳，奏请朝廷为其立祠，光绪十八年六月祠成。顾麟士“以公有祠无碑，欲属笃古而达于祠者”，遂请冒广生撰文。冒广生在这篇碑文中回顾了顾文彬在太平天国运动时帮办团练、“首创逆师皖中之议”、为左宗棠解困等事迹，其辞曰：“湘阴之功兮汾阳，烂然史乘增辉光。当其落魄遭摧伤，微公援手将奚望。……公之灵兮来洋洋，俾孝孙兮笃其庆。”

与《清故宁绍台道顾公艮盦祠堂碑》同时完成的，还有《鹤庐记》，冒氏曾在信中提到此事，时间为光绪二十六年五月，“祠堂碑文一首，《鹤庐记》一首，如命写奉”。冒广生在《鹤庐记》中写道：“余来吴门游顾氏之园屡矣，因得识吾鹤逸，而余友吴子昌硕又时为余称道鹤逸……能以金石书画自娱，其所作画出入烟客、元照，世之真赏鉴者未闻有闲言也。既性喜鹤，因以鹤名其庐。陈眉公云若使学道故是黄鹤背上人者，舍鹤逸将谁属也。”[1]可见介绍顾麟士与冒广生相识的介绍人是吴昌硕，冒广生高度评价顾麟士画作的风格与水准及其为人品性，认为其画得王时敏、王鉴笔意。过云楼收藏书画作品，不仅独乐，更愿意与良朋分享，顾麟士将书画精品置于鹤庐，供挚友们观赏，冒广生因此观赏到杨无咎（字补之）、柯九思等名家作品，直叹为“真铭心绝品也”。顾麟士不屑走科举之路，专心书画艺术，后又向往超然物外的生活，以鹤逸、鹤庐为字、号，而冒广生也以鹤亭为字，两位好友可谓真正的同道中人。

顾麟士的长子则明生于光绪十五年七月，因病卒于光绪二十三年十月，年仅九岁，目前鲜有资料留存。现从冒广生所撰写的《顾氏子高墓碣》一文中可以了解一些他的信息：顾则明，字去昧，小字高，“高生时眉目如画，初识字即能辨析点画，讨论音义，不好与群儿弄。甲午之役，王师歼于日本，高闻之，则大恚，曰‘吾不如死矣’。寻竟死，如其言”[2]。好学、早慧的顾则明的早逝，给顾麟士很大的打击，而冒氏的文字为我们描摹了一个儿童超常的智慧与家国情怀。

1929年，顾麟士送走他最寄予希望的四子顾公柔，第二年冬天他也

---

1 冒广生《小三吾亭文甲集》，冒氏家刻本。
2 冒广生《小三吾亭文甲集》，冒氏家刻本。

离开人世。至此，冒广生的吴门旧雨江标、费念慈、金彰、曹元忠、吴昌硕、顾麟士一个个都驾鹤西去。顾公可、顾公雄、顾公硕三兄弟写信给冒广生，感激他来苏吊唁：“别有多日，谅旋故都，前蒙怀旧殷眷，不远千里，枉驾吊祭，并允为先君撰传后之文。不孝等感激涕零，世世子孙永戴大德，匪言可喻。特略开先君事迹附呈，望甄择一二足取者，运以生花妙笔而发挥光大之，先君生平定因鸿著而名益彰……”根据风水先生的“指示”，他们定于第二年二月十二日安葬父亲，故顾氏兄弟希望冒广生能早日写好墓志铭。冒广生在《元和顾隐君墓碣铭》中，称赞顾麟士德艺双馨，“其得复敦气节，多才艺，善接纳贤豪长者。贤豪长者归之，沛然若水之就壑”。冒广生还在文中回忆当年他在苏州与朋友同游怡园：“时时与君及屺怀、心兰、昌硕、曹君直、云间上人游是园中。”又感慨，“今自君殁，惟胜之与吾在矣。日月急景，山河举目，中年以往，哀乐无端，前已，当其盛时，一杯酒，一言笑，曾不自觉。由今思之，其可哀者，又岂独杯酒言笑细之也”。不尽的哀伤化为深情的文字，刻在碑上，刻在心底，冒广生的悲哀莫过于送走一个个志趣相投的友朋，留下孤独的自己，还有那些不时在眼前掠过的过往云烟。

有为青年顾廷薰

东汉班固《两都赋》云："红尘四合，烟云相连。"苏州顾氏过云楼历经一百六七十年的岁月，命运曲折。2016年12月，原分散在各地的过云楼藏品终于"烟云四合"于苏州博物馆。这些展品种类丰富，件件皆为精品，内容涉及历代名家书画、古籍善本及核雕等雅玩。除此之外，还有顾文彬、顾廷熙与顾承、顾麟士祖孙三代人的墨宝，遗憾的是，展览上唯独不见顾廷薰的资料。

顾廷薰（1829—1860），原名廷夔，后改名廷薰，字理之，号夔伯，是顾文彬长子，自幼深得家中长辈疼爱，然他的早逝，成为顾文彬心中永远的痛。

顾文彬行二，上有长兄顾文荣，只因顾文荣三岁即殇，他成了事实上的独子。祖母许氏"性明敏"，"上下推重之"。自幼体弱多病的顾文彬，三岁时就随祖母生活，由她悉心调理与照顾，抚养成人。及至添了曾孙廷薰，许氏视若至宝，"钟爱异常"。廷薰三岁时就随曾祖母起居生活，一如乃父一样得到老人家的精心照料。道光二十二年（1842），顾文彬带着母亲张太夫人、妻子浦氏和廷薰兄妹进京做官，留下父亲顾大澜在苏州生活。京城三年，廷薰从懵懂儿童长成翩翩少年，更加勤奋好学。后因祖母张氏过世，顾文彬丁忧，廷薰和父母弟妹们一起扶柩南归。

道光二十八年，顾文彬服阕北上京城，留家眷在苏州，只带廷薰陪伴。父子两人在山东泰安停留一日，游玩泰山，他们坐着软舆直至山顶。顾文彬描述当时所见情景："玉皇殿院中有圆石数丛，乃山顶也。南天门石磴数百级，上如登天，下如坠渊，舆夫如飞而下，万一失足，便成齑粉，令人不敢萌续游之想。山麓有尼庵禅堂三椽，面对石壁，下临深涧壁上飞瀑，注如匹练，声若雷霆，六月坐此消暑，真绝境也。"[1]父子同游泰山给顾文彬留下了深刻的印象，他在自订年谱里将这段经历作为当年的大事做了记录。

廷薰第一次进京时才十三岁，第二次进京则是二十岁的成年人了。成家立业是每个人的人生大事，考虑到门当户对，顾文彬为儿子聘苏州同乡李维城（宝之）长女为室。当时李维城借补直隶杨村县丞，而顾家尚未发达，顾文彬踏入官场不久，上有老下有小，家庭负担颇重，故并不在意排场，只是"亲送廷薰至杨村入赘"，这样的婚礼十分简单。

1 《艮庵老人手订年谱》，苏州市档案馆藏。

廷薰洞房花烛自然欢喜，而顾文彬“孑身回京，旅况岑寂殊甚”。那年秋天，廷薰奉父命与新婚妻子回到苏州，侍奉祖父，管理家务，而由母亲浦氏带着弟弟廷熙和五妹进京照顾父亲起居生活。顾文彬夸奖廷薰“资性颖悟，诗文俱有成就，生平无俗嗜，举业之外博览群书”[1]。咸丰元年（1851），廷薰入元和庠，为走科举之路而继续奋斗。

顾文彬在京城一待便是七年，先后担任实录馆校对官、福建司正主稿、福建司主事、陕西司员外郎等职位，一度随钦差大臣柏葰（曾任吏部尚书）前往盛京查办事件。咸丰五年二月，他由京察一等记名，奉旨发往湖北，以知府差委。此时的他心里十分纠结。顾文彬好不容易等到外派地方做官的机会，却逢太平军攻陷湖北省城，占据一半地盘，他的心情可谓悲喜交集。当年四月，他从京回苏，在家侍奉顾大澜，“椿庭爱日，寸阴是惜”，终因限期已近，势难再延，出于安全考虑，于九月带着廷薰同行，而将浦夫人等眷属留在家乡。父子再次结伴同行，“由水路至青江浦起旱，取道河南，十月间至湖北省之襄阳”[2]。由于战火激烈，道路不畅，他们在襄阳停留了三个月。第二年正月，廷薰与顾文彬一起赴随州办盐务，七月顾文彬署安陆府知府，廷薰随侍左右，帮助处理文案等事务，成为父亲的得力助手。

---

1 《皇清例赠承德郎亡长男理之行略》，苏州市档案馆藏。
2 《皇清例赠承德郎亡长男理之行略》，苏州市档案馆藏。

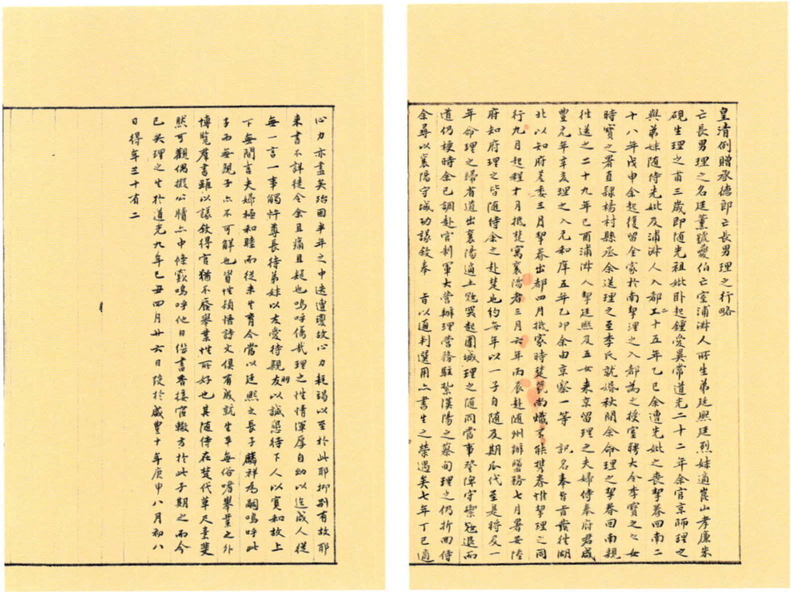

《皇清例赠承德郎亡长男理之行略》 苏州市档案馆藏

顾文彬与儿子们之间有个不成文的约定，即他外出做官期间，每年有一个儿子相随左右，到期兄弟轮换。廷薰在湖北快一年，准备回苏，让廷熙到楚。未曾想到，他刚出襄阳，就遇到太平军攻城，于是“随同当事登陴守御，寇退，而道仍梗”[1]。苏州回不去了，只得再回到父亲身边，此时顾文彬已调赴湖广总督官文的大营，办理营务，驻扎在汉阳的蔡甸。廷薰因襄阳守城有功，“奉旨以通判选用”，这是一介书生的“荣遇”。咸丰七年三月，廷薰与前赴江南的四川官弁结伴而行，辗转回到苏州。

咸丰十年二月，廷薰写信禀告顾文彬，祖父顾大澜因元旦到关帝庙和城隍庙求签不吉，心中郁闷寡欢，不能亲自写信。这种不快的情绪影响到老人的身体，没过多久顾大澜就过世了。廷薰料理后事，将祖父安葬于祖茔，与顾文彬的想法不谋而合，顾文彬称他“应变之心力亦尽矣”。湖北深陷太平军的围困之中，而苏州也未能幸免，太平军势如破竹，苏城于咸丰十年四月沦陷，交通受阻，顾文彬无法东归丁忧，与家人的通信联系也中断了。远在异乡的他心急如焚，屡次遣人回苏打探消息，“俱因道梗折回”。其实在太平军攻入苏城之前十日，能干的顾廷薰就带着全家避居于无锡朱埂，躲过一劫，“皆廷薰一力布置”。

1 《皇清例赠承德郎亡长男理之行略》，苏州市档案馆藏。

在父亲的眼里，廷薰是“他日继书香、接宦辙”的人选，然而所有的希望都在接到噩耗之时破灭。咸丰十年二月，廷薰的内弟李彦仲奉顾文彬之令，绕道回苏，于冬间抵家，方知廷薰“由疟疾转成伤寒”，卒于八月初八，其弟廷熙则于六月病故，浦夫人无法接受两位儿子的早逝，也于九月亡故。顾文彬收到女婿朱以增书信，得知妻儿相继过世的消息，如五雷轰顶，写下了这样的话：“悼痛欲绝，生平逆境无过于此矣。”[1]

作为长子，廷薰做事认真细致，考虑周全，当年带着家人外出避难时，亲手“埋三千金于茶厅之西小天井”，后来那地方被“内贼已作为溷厕”，直到同治二年（1863）十一月，顾文彬返回故里，命家人寿喜、兰福“除去污秽，掘地止数寸，三千金居然无恙”。这三千金对经历漫长战乱的顾氏来讲，是一笔不小的财富，足以重振家业。同治三年八月，顾文彬将全家从上海迁回苏州，以三千金从房东手下购买铁瓶巷住宅。

廷薰“性情浑厚”，自幼从无一言一事忤逆尊长，对待弟妹们友爱，“待亲朋以诚恳，待下人以宽和，故上下无间言”。而且他做事踏实，读书用功，颇有干才，顾文彬说他“虽以议叙得官，犹不废举业，性所好也。其随侍在楚，代草尺素，斐然可观，偶拟公牍，亦中条窾”。可

1 《艮庵老人手订年谱》，苏州市档案馆藏。

以说，在顾廷薰、顾廷熙、顾承三个儿子中，顾文彬对他寄望最大。然造化弄人，最让父亲得意的儿子却英年早逝，而且廷薰夫妻恩爱却膝下无子，以致顾文彬认为“不可解也”。封建时代，传宗接代是大事，于是顾文彬作主将二房廷熙的长子麟祥过继给廷薰为嗣，之后又将顾承次女麟珍过继给长媳李氏为女。

同治九年十一月二十七日，顾文彬谋缺成功，从京返苏，途经泰安，重游岱庙，不由想起二十多年前与廷薰游玩的情景，在当天的日记中留下一笔：“记戊申年与亡儿夔伯及金吟香曾游一次，距今已三十余年矣。”其实道光二十八年到同治九年，中间相距二十三年，日记中的“三十余年”显然是他的笔误。由于刚得到宁绍台道一职，顾文彬的心情是愉悦的，作了不少诗，但“卅年前事半沧桑，客燕重栖玳瑁梁”[1]之句，多少寄寓了他对长子的怀念。

1 （清）顾文彬：《过云楼日记》（点校本），文汇出版社2015年版，第68页。

痴迷书画顾廷熙

顾廷熙（1831—1860），字缉之，号蟾仲，又号辛侯。国学生。顾文彬的次子，书画鉴赏家。

道光二十二年（1842），顾文彬得中进士后到京师任职，母亲张氏、夫人浦氏带着廷熙兄妹一同进京，其时廷熙是十二岁的儿童。三年后，因为祖母张氏过世，廷熙与家人一起随丁忧的父亲回到苏州。道光二十八年，顾文彬服阕进京，第二年，浦夫人带着廷熙与女儿进京陪伴他。此时廷熙已是十九岁的青年，父母为之授室，娶左副都御史程庭桂的第五个女儿。

顾、程两家既为苏州同乡，又同在官场，算得上门当户对。程庭桂(1796—1868)，字楞香，进士出身，比顾文彬出道早，长期在京城为官，以刑部主事入直军机章京领班，后任都察院左副都御史、户部右侍郎。因受咸丰八年（1858）顺天乡试案牵连，发配黑龙江，后赦还。顺天乡试案情节错综复杂，正主考官柏葰听受嘱托、副主考程庭桂交通关节，案情重大，九十余人被惩处，其中柏葰及程庭桂之子程炳采等五人被处死刑。当时程炳采收受多位试子通关节的条子，然程庭桂已入闱，就由其家人胡升将条子夹在铺盖中送入，所幸这些递条子的试子无一人中式，多少减轻了程庭桂的“罪行”。咸丰九年七月，皇帝颁发谕旨，“即行处斩”程炳采，对程庭桂网开一面，“惟念伊子程炳采已身罹大辟，情殊可悯，若将伊再置重典，父子概予骈首，朕心实有不忍，程庭桂著加恩发往军台效力赎罪”。苏州老乡冯桂芬撰有《程楞香中丞六十寿序》，对程庭桂颇多赞誉。

程氏小姐来自官宦之家，知书达理，与廷熙琴瑟和谐，两人婚后六年，接连生了三个儿子，即麟祥、麟诰、麟韶，这对顾文彬来说是最大的安慰。在京城的岁月，由于寓所邻近琉璃厂，顾廷熙经常到那里的古玩店铺观赏名家字画，遇到中意的必定买下，当囊中羞涩无力购买时，则与店家相商，借回家欣赏几天，“或抚粉本，然后还之”。天长日久，看得多了，对书画的鉴赏日渐精准，往往一眼就能辨出真赝。咸丰五年二月，当顾文彬接到“发湖北，以知府差遣委用”的任职通知后，父子俩立即整理行装，于四月回苏。此时经济富庶、文化繁荣的苏城催生了一大批收藏家，他们热衷搜集书画、古籍善本等。顾廷熙广交朋友，所交者多为书画同道，而此时的他眼界更宽，“搜罗更广”。从赴京到回苏的七年里，廷熙过眼的书画作品不计其数，其书画鉴赏能力在实践中得到提升，他自己也愈发痴迷于此，对书画艺术的追求成为他最大的乐趣。

顾文彬到湖北任职之时，太平天国运动席卷南方诸省，湖北大部分地区为太平军所控制，出于安全考虑，他只带着廷薰同行，而将眷属留在苏州。咸丰七年五月，廷熙到湖北替代长兄照顾父亲，在湖北的两年多时间里，他得到历练，顾文彬不惜笔墨称赞他："来楚两年，颇替余力，尺牍往来，米盐琐碎，经理井井，无少失坠。"此时顾文彬已由汉阳知府升盐法道，官运亨通。然而廷熙到湖北的翌年冬天就得肛痈之症，一直没有痊愈。至咸丰八年夏天，旧症未除，他"又添晨泄"，适逢湖北乡试，顾文彬考虑自己要"入闱提调，寓中人少，留缉之为廷烈伴"，这样顾廷熙与已来楚的顾承一同留下。直至九月秋闱事毕，廷熙的身体也逐渐康复，顾文彬才命他回苏，但廷熙从此落下病根。回到苏州，母亲和妻子悉心照顾、调养他的身体，然总未断根，顾文彬在外为之忧虑不已。咸丰十年的庚申之乱，对苏州人来讲是场噩梦，而这一年对顾氏家族来讲同样是个充满悲情的年份，自二月顾大澜过世后，廷熙、廷薰与浦夫人相继而亡。死者已逝，最悲伤的莫过于活着的亲人，以致顾文彬、顾承父子"相持大恸，几不欲生"。

咸丰十一年夏，顾文彬客居湖北宜都陆城时，怀着沉重而悲痛的心情为亡故的亲人写下行略。父亲笔下的儿子是位个性耿直、爱好书画的有为青年："缉之性情质直，胸无城府，事尊长以诚，待兄弟以爱，于妻子琐屑落落，若不措意。友朋之交，合者往来无间，不合者招之不往也。于世俗酬应，尤避之若浼。举业，非性之所近，然为之刻苦，每作一艺，必穷日夜之力，生平无他好，惟书画、碑帖嗜之甚笃。”[1]与长兄顾廷薰一心走科举之路不同，顾廷熙无意功名，醉心书画艺术，“暇则临抚书画，书法米襄阳，颇得神理，画则出入诸家，尚未大成”[2]，他的梦想是通过努力成为传世的书画大家，故“立志高尚以传世，自期所作不当意，即弃去”。顾氏三兄弟中，顾廷熙与顾承志同道合，对书画都十分痴迷。

咸丰九年四月初十，顾承赴湖北替换顾廷熙侍奉父亲之时，将他两年间所见书画碑帖随笔《烟云过眼编》交给兄长过目，所记述的三百余种书画中，已有二十种归顾氏“箧中”，而顾廷熙于是月十五日写下一段话：“就其寓目心赏之迹，询所往来，录成是册。今秋返棹吴门，当一一访之。”[3]这段话可看作是顾廷熙所撰《待访录》的前言。《待访录》写在无格的素纸上，字迹颇为潦草。天不遂人愿，顾廷熙回苏后的第二年太平军攻陷苏城，他还来不及寻访《待访录》中的书画珍品，就病逝于避难地无锡。《待访录》不仅是顾廷熙的遗憾，更成为顾文彬、顾承父子永远的痛。顾承原打算将他在湖北整理的《楚游寓目编》带回家与顾廷熙探讨，“讵料仲兄已于庚申避兵而殁于乡。

1 《亡次男国学生缉之行略》，苏州市档案馆藏。
2 《亡次男国学生缉之行略》，苏州市档案馆藏。
3 苏州博物馆编：《烟云四合——清代苏州顾氏的收藏》（画册），译林出版社2016版，第345页。

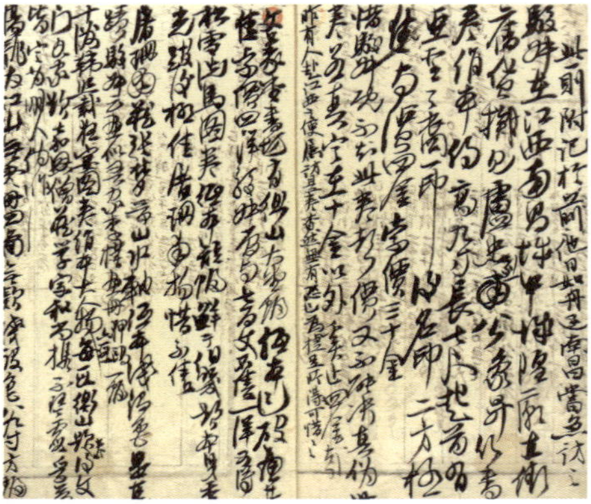

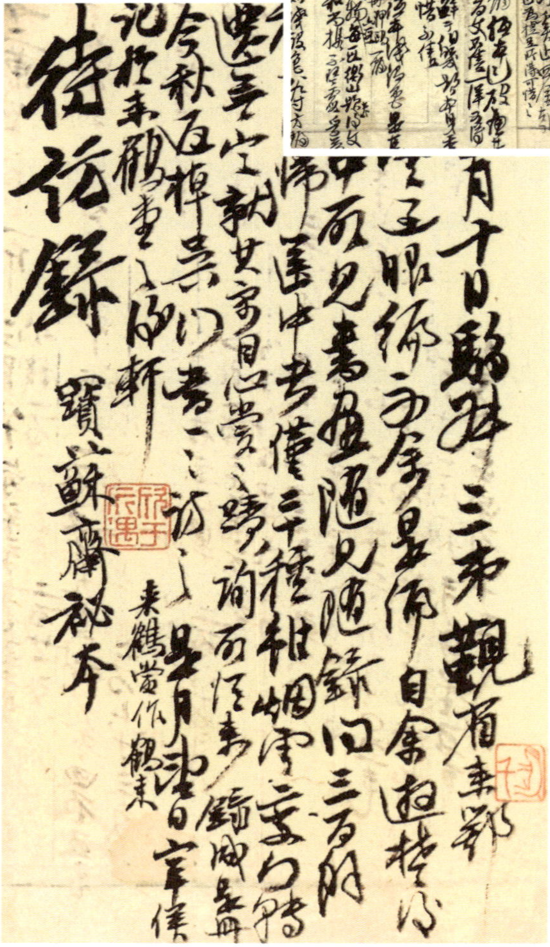

顾廷熙《待访录》手稿　南京图书馆藏

嗟呼！而今而后，抱此一编，将郁郁其谁语乎？仲兄赏鉴之精、搜罗之富胜余倍倍，其所辑《梦忆录》《待访录》胜此编亦倍倍”[1]。这自然是顾承的谦虚之词，但反映了他对顾廷熙的尊重与敬佩之情，反映了顾廷熙的艺术修为。顾廷熙的《待访录》与顾承的《楚游寓目编》略有差异，从中可以看到书画艺术品的流转，也可以看出过云楼书画王国的建成不是一蹴而就的，而是顾文彬与儿子们一步步用心打造的。

顾廷熙过世后，顾文彬睹物思人，说：“所辑书画所见录《待访录》已裒然成集，其零缣断楮，廷烈捡理，故箧犹有存者，余见之辄辛酸泪落，不忍卒视，使天假之年安知不成一艺之名？惜乎中道而夭也。呜呼！伤哉！”人间最悲哀的大概就是白发人送黑发人，顾文彬肝肠寸断，痛惜顾廷熙这位富有艺术天分的儿子。

同治九年（1870）三月，顾文彬再度北上谋职，来到二十多年前的旧寓，住在西边楼下两间房，这是女儿女婿当年的新房。当年他是主人，而今女婿成了主人，宾主易位，女儿一家殷勤招待远道而来的老父亲。与女儿女婿团聚固然欢乐，但顾文彬触景生情，在二十八日的日记中写道：“惟念及浦夫人与次儿夫妇，室在人亡，怆然于怀。”当顾文彬到琉璃厂闲逛时，又感叹不已，“二十年前有蟾仲随侍，此时孤寂无聊，不胜伤感”。

1 《楚游寓目编》稿本，苏州图书馆藏。

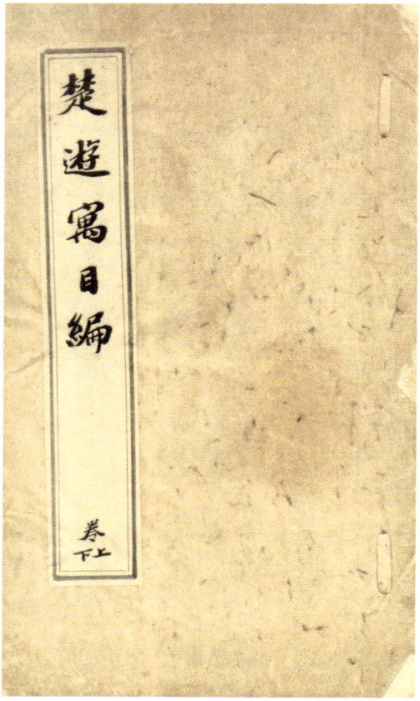

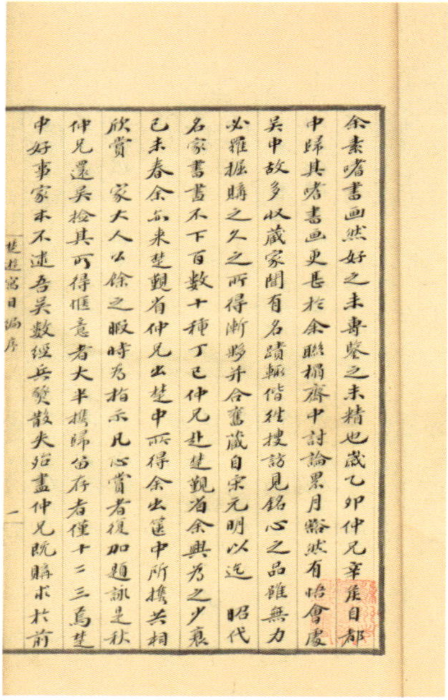

余素嗜書画，然好之未專，鑒之未精也。歲乙卯，仲兄辛崖自都中歸，其嗜書画更甚於余，聯榻齋中，討論累月，豁然有悟會處。吳中故多收藏家，聞有名蹟，輙借往搜訪，見銘心之品，雖無力必羅掘購之。久之，所得漸夥，并合舊藏，自宋元明以迄 昭代名家書畫不下百數十種。丁巳，仲兄赴楚覲省，余與為之少襄。己未春，余亦来楚覲省，仲兄出楚中所得，余出篋中所携，共相欣賞。 家大人公餘之暇，時為指示，凡心賞者，復加題詠。是秋，仲兄還吳，撿其可得愜意者大半攜歸，留存者僅十二三焉。楚中好事家本不逮吾吳，數經兵燹，散失殆盡，仲兄既購求於前

楚遊寓目編序 一

顾承《楚游寓目编》 苏州图书馆藏

顾廷熙兄弟三人幼时皆师从徐江帆。徐江帆素工书法，当时颇具画名的翁雒（号小海）、范玑（号引泉）、沈雒（字竹宾）、程庭鹭（字序伯）诸君与之交往频繁，使顾氏兄弟获益匪浅。顾文彬评价顾廷熙与顾承："情性相似，皆嗜翰墨淡荣利。"顾氏父子对书画艺术的执着追求成就了江南名楼过云楼，而顾廷熙作为其中一员，无疑是过云楼早期收藏的出力者。

汉玉钩室主人顾荥

过云楼顾氏由于缺失家谱，往上无法追溯顾文彬曾祖辈的情况，向下也鲜见顾氏子嗣的踪影。除了顾文彬自身及其三子顾承、六孙顾麟士、曾孙顾公硕、玄孙顾笃璜的资料相对多些，其他子孙辈的事迹鲜为人知，更别说顾荥这个幼子了。阅读《过云楼日记》《吴昌硕年谱长编》《汉玉钩室印存》等文献，辅以相关资料，从中发现了顾荥的一些踪迹及其与篆刻家王大炘（字冠山）、赵穆（字仲穆），书画家吴昌硕、倪田、陆恢等人的交往。

顾文彬与正室浦夫人育有四子二女，其中第四子、第六女夭折；浦夫人过世后，顾氏先后纳蒋氏、浦氏、张氏为妾，蒋氏生有一子早夭，浦氏则育有二子。顾文彬共有五子一女长大成人，与浦氏所生的顾煦、顾荥即为八子、九子。据《过云楼日记》记载，浦氏于光绪四年（1878）八月十九日“卯正三刻生男孩，母子俱平安”[1]，这个男孩即顾

1 （清）顾文彬：《过云楼日记》（点校本），文汇出版社2015年版，第474页。

荥。此时顾文彬已有麟祥、麟士等七个孙子，麟保等三个孙女，并有曾孙子、曾孙女多人，因此顾荥甫一落地，已是爷爷辈的人物。父母总是偏爱年纪最小的孩子，顾文彬也不能免俗，对这个幺儿颇为宠溺。光绪六年正月初六，新春时节，人来客往，推杯换盏，好不热闹，虚岁三岁的顾荥欢喜雀跃，“见酒辄喜欢”，顾文彬见此情景，“戏与一诗”：

偶见当筵酒一卮，便将两手欲来持。
饮中仙合前身是，又似阿翁年少时。[1]

从诗中得知顾文彬年少时喜欢杜康，而今顾荥继承了他好酒的基因。顾文彬过世时，顾荥年仅十二岁，他如何成长，是否如乃翁乃兄那样热爱书画艺术？难以从顾文彬日记、家书等档案中得知。

无意中从顾麟士创作的《汉玉钩室图》题识上找到蛛丝马迹：“古玉双龙钩，作阴阳奇偶形，白质红晕，制度极工，千数百年物也。虽世经沧桑，而此钩犹合而弗散，殆非偶然。鹿笙九叔宝之以名其室，命麟士图之。时在光绪丁未岁暮，雪窗呵冻记。”[2]九叔鹿笙是否就是排行第九的顾荥？可以从陆恢《临文徵明惠麓图》上的题跋中找到答案：“鹿笙即艮庵先生令子，素精赏鉴，富有收藏。”鹿笙既是顾文彬

1 （清）顾文彬：《过云楼日记》（点校本），文汇出版社2015年版，第504页。
2 王克盛主编：《鹤逸清风——顾麟士书画精品集》，古吴轩出版社2015年版，第63页。

《汉玉钩室图》 过云楼艺术馆藏

之子，又被顾麟士称为九叔，当是顾荥无疑。光绪丁未为1907年，顾荥年已三十岁，不再是那个向阿翁要酒喝的孩童了。从顾麟士为顾荥绘制的《汉玉钩室图》及题跋内容，可以推断顾文彬当年收藏的那对汉玉钩传给了顾荥。顾荥以汉玉钩室作为室名，说明他如父亲顾文彬一样钟爱这对汉玉钩。由于没有看到顾氏家产分配的相关资料，因此无法知道顾荥分得的过云楼藏品的数量和内容，但至少知道顾文彬当年的心爱之物汉玉琴钩被汉玉钩室庋藏。

一些研究过云楼的文章都以为过云楼收藏以书画为主，包括顾氏后人也强调过云楼是书画楼。一般认为，过云楼传到顾麟士手上时才开始扩大典籍善本的收藏，事实并不完全如此。顾文彬自言爱好书画甚于一切，但他收藏也杂，在同治十二年（1873）五月的家书中，他提及“过云楼志在必传，所藏书画、金石、图籍、古玩，悉以归之，不必别立名目”[1]。顾文彬的意思是，要将所有不同类型的传世之物皆冠以过云楼之名，如他要求顾承以画余庵之名辑录的古泉拓本，“必应重刻过云楼古泉拓本，以归画一”[2]。除了痴迷于收集古泉拓本外，顾文彬还钟情于收藏玉器、印章、秘籍等，曾在日记中详细记录了收藏汉玉钩的始末，获得汉玉钩后的愉悦心情跃然纸上。

同治九年三月，顾文彬赋闲十年后决定起复。此时家庭人口增多，生活压力陡然增大，虽然通过投资典当、置购田产、书画买卖等亦可维持生活，但思考再三，他还是决定重出江湖，谋取一官半职，增加一份收入。顾文彬到京城不久，就密集拜访京城的官员，尤其是相识的上司、朋友、同僚、老乡等。五月初六，顾文彬拜访景其濬（字剑泉）。景氏于咸丰二年（1852）得中进士，选庶吉士，授翰林院编修，官至内阁学士。景其濬与顾氏是同道中人，旧友重逢，景氏当场出示“董思翁临米袖卷、恽南田山水轴”“月泉和尚《葛洪移居》轴”“汉玉钩两枚”，而其中一枚汉玉钩“与余藏钩竟是一对，惟腹上亦作琴式而花纹不同，否则几乎分别不出，可谓奇事”。还有“扳指一枚，通身黑色，露两白点，甚佳”[3]。顾文彬一

---

1 （清）顾文彬：《过云楼家书》（点校本），文汇出版社2016年版，第254页。
2 （清）顾文彬：《过云楼家书》（点校本），文汇出版社2016年版，第254页。
3 （清）顾文彬：《过云楼日记》（点校本），文汇出版社2015年版，第24页。

字不漏地记下过眼之物，这些东西中最吸引他的莫过于汉玉钩，不知是他不好意思开口，还是为了使价格更加合理，过了月余才请德宝斋古董店出面促成此事。六月二十二日，德宝斋以“旧瓷、印盒、水盂五件售与景剑泉，换其汉玉琴钩，归于余。余代还瓷器价作六十两”[1]。换言之，顾文彬以“六十两”换得汉玉琴钩。但顾文彬在之后的家书中又说此为景其濬所赠，极有可能是景氏得知德宝斋与顾文彬的交易后，归还顾氏代付的瓷器价“六十两”。早年，顾文彬从张柳亭手中获得一枚汉玉钩，与景氏的汉玉钩对比后，他判断它们是由同一个高手打造的，而且“色泽、分寸若合符节，惟下半钩所镂琴轸一凹一凸，似分阴阳，当时必是一对”[2]。顾文彬感叹这对汉玉钩经过千余年的流转，终于在京城珠联璧合，“洵奇缘也”[3]。几天后，他将四月二十六日在亦古斋以“京钱二十千文”所得的汉玉钩，与新得的汉玉琴钩一并送到德宝斋“镶嵌”。七月初九晚上，顾文彬兴奋异常，难以入眠，遂赋《汉双玉钩歌》一首：

玉人入山得璞玉，琢作双钩成白龙。
上不在天下入地，土花血沁千年红。
双龙本是雌雄匹，出土何年忽相失。

1　（清）顾文彬：《过云楼日记》（点校本），文汇出版社2015年版，第34—35页。
2　（清）顾文彬：《过云楼日记》（点校本），文汇出版社2015年版，第35页。
3　（清）顾文彬：《过云楼家书》（点校本），文汇出版社2016年版，第35页。

从此遥遥各一方，一在江南一冀北。
神物离合原有神，我来燕市逢景纯。
各出一钩互惊诧，曾谓无双今两身。
景纯爱古兼好客，谓此美离群应作。
非君赠我我赠君，脱手琼瑶无吝惜。
摩挲终日慰平生，受璧真如受宠惊。
但感交情逾缟纻，非夸声价重连城。
龙钩半截皆琴式，玉轸分明有区别。
一轸阳文一轸阴，当时制造精工极。
剑合延津一例奇，传之图画播之诗。
只防变化通灵去，倘遇风雷好护持。[1]

第二天，顾文彬又吟上几句："久离复合倍缠绵，人多如斯物亦然。合浦明珠叹再聚，乐昌宝镜庆重圆。好似鹣鹣禽比翼，又如鲽鲽鱼同穴。笑尔双龙旖旎多，并头交尾眠琼室。"他在眉批说这几句"接吝惜句"[2]。长诗在他的日记中并不多见，而为了这对汉玉钩合二为一而两次作诗，可见顾文彬对其的珍视程度。

顾文彬刚到京城时收藏了"燕庭刘氏马泉八十余品，合之家藏十

1 （清）顾文彬：《过云楼日记》（点校本），文汇出版社2015年版，第36—37页。
2 （清）顾文彬：《过云楼日记》（点校本），文汇出版社2015年版，第37页。

余品，集成百品”[1]，因命令顾承请定居苏州的书法大家何绍基书写“百金马室”匾额。如今汉玉钩成双，他又改变主意，在家书中要求顾承：如果何绍基尚未书写上次所托匾额，那么请何氏另用隶书书写“金马玉琴室”匾，他为此撰联：“磅礴百金马，摩挲双玉琴”[2]。没有见到何氏的墨宝，但见到同治十二年闰六月，俞樾为顾文彬用隶书书写的“磅礴百金马，摩挲双玉龙”对联，可见顾氏已将“琴”字改为“龙”字。俞樾将顾文彬得古泉和汉玉钩的情况作记说明，戏说：“以征公之龙马精神之验。”

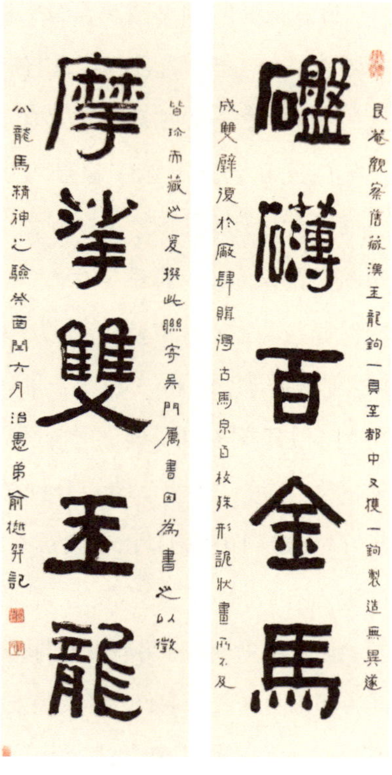

俞樾为顾文彬书对联

汉双玉钩传到顾荣手上，成就了他作为汉玉钩室主人的风雅。

顾荣（1878—？）是晚清民国期间书画鉴赏家、收藏家，精于篆

1　（清）顾文彬：《过云楼家书》（点校本），文汇出版社2016年版，第21页。
2　（清）顾文彬：《过云楼家书》（点校本），文汇出版社2016年版，第21页。

刻，与当时的篆刻名家吴昌硕、赵穆、王大炘交往密切。王大炘刻有“安吉吴昌石武进赵仲穆萧山任立凡吴县王冠山元和顾鹿笙同勒于汉玉钩室”长方界格隶书白文印。篆刻家钱庚曾为顾荥治印，一方为“吴门元和武陵顾荥字筱珊号鹿笙别号幼闇追模商周秦汉六朝金石书画文字印信长寿”，一方为“元和顾鹿笙珍藏书画之印信”。苏州图书馆藏《汉玉钩室印存》（七本）收录了王大炘、赵穆、顾荥等人的鈐印与边款，其中顾荥刻的印章达三十多枚，“蔡国”“梁郡”“黎阳”“济阳”“新平”“安平”等印章都是他仿汉代官印、铜印、银印所刻，他还刻有仿秦印的“东平”印章、仿瓦当文的“新安”印章，他的“兰陵”“缘鹿”印章分别仿黄易（号小松）、梁千秋，另外“高平”“安定”印章则是由王大炘篆、顾荥刻的合作产品。顾荥印章落款的地点有怡园、汉玉钩室、仁寿堂等，落款署名有幼庵顾荥、顾荥鹿笙等，但多数为幼庵，另有两枚印章的落款时间为己亥年（1899）。辛丑年（1901）八月十七日，顾荥为友人治印“梁陈二史是家传”。庚子八月，王大炘还应顾荥之请，为其刻顾文彬所作汉玉钩长诗，并于诗后刻下跋语：“鹿笙世叔家藏汉玉钩二，至宝也，以名其居，属余刻印，出示先尊艮庵方伯题句，令注于上。”[1]顾荥或许通过将父亲的汉玉钩诗刻章的方法，寄托对父亲的思念和对汉玉钩的珍爱之情。《汉玉钩

1　庞志英编著：《姚大梅诗意图册》，上海人民美术出版社2010年版，第10页。

顾荣治印：梁陈二史是家传

任颐为顾荥所绘《秋竹高士图》

室印存》并不齐全，不能完整反映顾荥的篆刻艺术活动，但我们通过这些印章或多或少了解了他与王大炘、赵穆、吴昌硕等人的交往及时人治印的内容与风格。

顾荥的长兄、次兄逝于咸丰十年，三兄顾承则在他五岁之时过世，因此在他成长过程中只有年长十岁的胞兄顾煦，以及比他年长的麟字辈侄儿及侄孙们陪伴。顾荥与六侄顾麟士相差十三岁，但两人关系不错，或许因这层关系，顾荥与顾麟士的好友费念慈、任颐、吴昌硕、陆恢、倪田、金彭、郑文焯等来往较多，且有文墨交流。作为晚清民国时期的著名画家，顾麟士的画作受到时人的追捧，顾荥也收藏了顾麟士多幅作品。光绪二十九年三月初三，顾麟士为顾荥创作《四时为马》卷，题识："略窥娄东门径，愧未升堂也"，意思是这幅作品是他学习清四王之一王原祁的笔法而作，但谦虚地说自己尚未入门。吴昌硕题引首——"四时为马"，附记："鹿笙九兄属题西津画卷。草率涂抹，希正之。"同时吴氏在卷后题跋："西津画古意在胸，变化万端。是卷前挈如仲圭，古拙如麓台，瑰宝也。因忆丙申秋，为予写芜园荒率风雨之态，予曾赠诗云，'不愁画稿失荆关，石壁灵岩例可攀。裹饭十年寻不到，鹤庐中有一房山'。鹿笙九兄大人属题，附录卷尾，以志钦佩。"费念慈评价此画"得娄东神髓"，郑文焯也认为此卷"尤其放古之精撰，宜鹿笙九兄善保家珍矣"。光绪三十四年六月，顾麟士又为顾荥绘就山水扇面，并题识："林楼事事称幽怀，砚北琴南形影偕。不种名花种修竹，碧阴团住读书斋。戊申六月，鹿笙九叔大人命麟士画。”

怡园云集一批画家，他们在园中切磋艺术，交流作品，其中顾沄、陆恢、吴昌硕、倪田等人有怡园七子之称。

顾沄（1835—1896），字若波，号云壶、壶隐、壶翁、病鹤等，吴县（今江苏苏州）人，画家，擅长山水画，专攻清六家。顾沄晚年为顾麟士创作精品力作《云山霞翠》册页十二开。顾麟士请好友、书画家杨岘为其题跋。顾沄过世两周年时，也即光绪二十四年暮春，顾麟士又请吴昌硕为此画题跋，吴氏录上旧作相赠。十年后，郑文焯题跋：“辋川烟水敬亭山，头白丹青意更闲。怊怅西园旧仙侣，孤云飞去几时还……鹿笙九兄见之，爱不忍释，因于西津有竹林大小阮之谊，遂索得之，属记其颠末云。”顾沄曾说怡园画社中有三鹤，一指顾麟士（字鹤逸），一指郑文焯（号大鹤天隐者），一指顾沄自己（号病鹤），如今顾沄孤鹤独飞，令郑氏悲伤不已。我们从郑氏的跋语中可知，此时《云山霞翠》册页已为汉玉钩室所有。“竹林大小阮之谊”之句中的大小阮指阮籍和他的侄儿阮咸，喻指顾荥、顾麟士叔侄，因两人叔侄的情分，顾荥向顾麟士求得这套册页，并请陆恢题写其流转始末。顾荥家学渊源，酷爱收藏书画，尤其对怡园七子的作品格外重视，且有较高的鉴赏能力，陆恢称赞他“识画中理”“素精赏鉴”，郑文焯评价他“能鉴古，尤能鉴今人之师古剧迹”。作为世家子弟，顾荥拥有良好的人脉关系，顾麟士作为怡园画社第二任社长，结交了大批吴门及海派画家，这为顾荣的收藏奠定了基础，加之他本身具有一定的书画鉴赏水平和篆刻技艺，是书画家的同道，能获得他们的认可，因此他得以珍藏陆恢、吴昌硕、倪田、胡锡珪等人的作品。

陆恢（1851—1920），清末民初著名画家，字廉夫，号狷叟，一字狷盦，自号破佛盦主等，吴江人。早年陆恢见到嘉庆、道光年间画家们临摹文徵明的画，“类崇色泽”，以为文氏画风即如此。及至他拜访顾文彬，见到文徵明的真迹，才明白文氏“精诣自有所在，不当仅于色泽求之”。文徵明的作品被后世画家反复临摹，陆恢也是忠实的“文粉”，认为文氏“天姿高旷，得石田绪论，复恣情于山水，音以陶镕其神趣。其精致处，草痕如发而坚劲如铁，故略施青绿，神采焕然”。陆恢的《江南春》《石湖春泛》《落花图》“皆衡山淡青绿设色”，但他最满意的是自己于1919年7月临摹的《文徵明惠麓图》，而这幅作品被顾荣收藏。顾荣认为陆恢能识文徵明作品“庐山真面而不囿于设色之一偏”，令陆恢引以为知己。陆恢洋洋洒洒写下跋语，表达了他对文徵明作品的认识与理解，并说自己虽然满意这幅临摹之作，但“设色虽工，未到其苍劲处”。

胡锡珪（1839—1883），初名文，字三桥，号盘溪外史、红茵生、红茵馆主等。吴县（今江苏苏州）人。胡锡珪与陆恢、顾麟士、吴昌硕相交至深，画技高超，深得吴昌硕赞美：“三桥画士女，闰得闺阁姿，吾知之。

三桥写花卉山水，能空中取神，吾知之。三桥画花面戏，眉眼鼻舌动荡如生……”[1]顾荥珍藏了胡锡珪的《白描阿罗汉画册》，并转托金彭请吴昌硕题跋。甲辰九秋金氏拜访吴昌硕之时，出示《白描阿罗汉画册》，令吴氏大惊，感叹“此册阿罗汉，用笔甚工而得神甚活，岂皮毛从事于斯者能仿佛耶？余与三桥交近十年，而不能尽三桥者如此，奇哉”[2]。

倪田（1855—1919），初名宝田，字墨耕，别署墨耕父，号墨道人、墨翁，又号璧月盦主，江都（今江苏扬州）人，侨居上海。他于光绪二十八年十月为顾荥绘制《十二宫辰图象册》，费念慈、陆恢纷纷题写跋语。陆恢的跋诗中有“收罗今到过云楼，度置此图楼上头。纪月编年借为用，寻常书画非其俦”等句，他认为顾荥喜爱书画艺术，深谙“画中理”。宣统二年（1910）四月，倪田又为他写《儿戏图》扇面，并题诗：“红鳞依荇藻，翠尾映琉璃。自得悠悠趣，飞花水面吹。”[3]倪田的好友吴昌硕则题道：“儿童却有读书愁，嬉戏浑如水上鸥。老墨风情谁领略，一生低首上官周，墨耕倪君为鹿笙九兄写此，属俊卿题之。”[4]翌年五月，应顾荥之请，吴氏在扇子反面临石鼓文。怡园画社第一任社长吴大澂临清三家的册页十开，其中五开赠与金彭，之后这十开册页均归顾荥收藏，吴昌硕、郑文焯为之题跋。

1　朱关田编著：《吴昌硕年谱长编》，浙江古籍出版社2014年版，第209页。
2　朱关田编著：《吴昌硕年谱长编》，浙江古籍出版社2014年版，第209页。
3　朱关田编著：《吴昌硕年谱长编》，浙江古籍出版社2014年版，第277页。
4　朱关田编著：《吴昌硕年谱长编》，浙江古籍出版社2014年版，第277页。

倪田绘顾荥小像

吴昌硕曾为顾荥治印“顾氏永宝”，还经常为他的藏画题跋，也时常应对方之请赠其书画作品。光绪二十八年，吴昌硕以赵之谦笔法，绘就《花卉》横披赠予顾荥。第三年秋日，他为顾荥绘制了《花果册页十二开》，表现葫芦、卢橘、枇杷、梅花等花果丰盛又寓意深刻的自然生活景象。宣统三年谷雨，顾荥拿出珍藏的折扇请吴昌硕绘画写字。这并非普通的折扇，珍贵之处在于竹制的扇骨上有书画篆刻名家陈鸿寿所刻的茶具与梅花。吴昌硕借用陈氏的题材，在折扇正面画了一只陶质茶壶和一枝墨梅，并写题跋。茶壶以赭石色绘就，渲染古拙而灵动之气；梅则以水墨勾写，用笔简率粗放，呈现清雅孤傲之态。吴氏在图上题写："冰瓯泛碧，涤烦祛热，洪炉一点罗浮雪。"[1]茶壶表现了外在生活的悠闲，梅花则表示了内在品性的清高，此图表达了自古以来文人墨客追求世俗生活与精神生活的两面性。折扇反面又题两首咏梅诗，"鹿笙仁兄正诗"。时至1920年，这把折扇更换了主人，为西泠印社篆刻家丁仁所收藏，吴昌硕再次题跋。1915年秋天，吴昌硕为顾氏绘《天半朱霞图》《天竹贞石图》，均题诗一首，前者拟扬州八怪之一李方膺笔意画就，后者则略师赵之谦画法。吴氏在为顾荥所作行书横披中谈了对绘画六法的认识，称赞"西津吾老友，爱画入骨髓"[2]，在另一幅为顾荥题顾麟士作品时说顾麟士"笔简而苍润，秀而清逸，所谓令人有岩壑幽栖之想"[3]。顾麟士根据吴氏的绘画特点，指点他学习合适的画派，因此他也不厌其烦地为顾荥所收藏的顾麟士作品题咏。

扇面虽属小品，却是怀袖风雅之物。宣统三年五月，顾麟士、倪田、陆恢、吴昌硕合作绘就扇面送给顾荥，正面为画，上书"墨

1 朱关田编著：《吴昌硕年谱长编》，浙江古籍出版社2014年版，第275页。
2 朱关田编著：《吴昌硕年谱长编》，浙江古籍出版社2014年版，第267页。
3 朱关田编著：《吴昌硕年谱长编》，浙江古籍出版社2014年版，第252页。

耕扫元鹤，西津要赤松，廉夫搬黄石，昌硕种紫芝，合成是图，即请鹿笙九兄方家正”[1]。反面则有吴昌硕与陆恢、费念慈、郑文焯四体书，此扇可看作友朋们的合作佳品，也可视为顾荥与这些书画高手友谊的象征。

由于封建社会等级观念严重，顾荥因庶出的身份，作为过云楼第二代，他的地位并不高，且因年少失怙，在其父的日记中只有零星的记载。所幸从与其交好的吴昌硕、陆恢、倪田、郑文焯和侄儿顾麟士的书画、题跋，以及《汉玉钩室印存》等文献资料中，可一窥顾荥这个世家子弟的艺术兴趣与社会交往及其汉玉钩室的由来，从中了解到晚清与民国时期文人士大夫依旧热衷传统的书画艺术，并以此作为重要的交流内容之一，而顾荥如其父兄那样热衷于字画，且与吴昌硕等海上画家产生交集，留下些许印痕。尽管书画、古玩等收藏于个体而言都是“过眼烟云”，但优秀的中国书画艺术也通过他们的收藏、流转得以相传，滋养后人的精神世界，提高人们的审美情趣。

1 朱关田编著：《吴昌硕年谱长编》，浙江古籍出版社2014年版，第278页。

顾麟士的不了情

光绪十五年(1889)十一月顾文彬过世时,顾承之子顾麟士已是踌躇满志的青年了,凭借自己的能力,顺理成章成为过云楼第三代主人。他将分到其他各房的书画尽可能收回,并开始大量收藏古籍善本,过云楼收藏在他手上达到鼎盛,曾主吴中风雅数十年。顾麟士还学习祖辈、父辈的做法,向有志学习书画的青年开放收藏,提供临摹机会,并在怡园首开晚清苏州地区第一个具有现代意义的书画家社团组织——怡园画社,云集吴昌硕、陆恢、金彭、任预等画坛名家,并继吴大澂之后担任怡园画社第二任社长,与同道们在怡园诗酒唱和、探讨艺术、鉴别书画,好不潇洒。

苏州才子沈三白在《浮生六记》一书中告诫世人,夫妻不要过于情笃,若是情太浓了,当一方离开后,另一方陷于痛苦而不能自拔,不得不说沈才子的话有几分道理。众所周知,顾麟士与潘志玉生儿育女,家庭生活可谓幸福美满,然读他的《鹤庐画趣》及其为原配谢蕙(又作谢慧）画作的题跋，可以看出这位晚清民国时期著名画家不为人知的另一面——深情与长情。他与谢蕙的闺房之乐及情投意合足以与沈三白、芸娘媲美。当年促成顾麟士与谢蕙姻缘的人，正是对他疼爱有加、寄予厚望的祖父顾文彬。

顾麟士旧影

同治十年（1871）六月十五日，顾文彬在致顾承的家书中说："谢颖初家欲与六孙联姻，亲上加亲，有何不可？只要占吉，便可结亲也。"[1]寥寥几语，可以了解到谢氏与顾氏有亲戚之谊。谢家主动流露要与顾家结亲的想法，顾麟士之父顾承并不乐意，祖父顾文彬却觉得这是好事一桩，认为只要顾麟士与谢家小姐的生辰八字相合就好。其时顾麟士年方七岁，这是一门当时流行的娃娃亲。光绪七年十月，十七岁的顾麟士与谢蕙缔结良缘。这对少年佳偶

1 （清）顾文彬：《过云楼家书》（点校本），文汇出版社2016年版，第59页。

谢蕙画作 过云楼艺术馆藏

婚后琴瑟和谐，伉俪情深，最为重要的是他们都酷爱书画艺术，这是一般旧式婚姻中夫妻间很难拥有的共同兴趣。顾麟士回忆当年的快乐时光："喜有同嗜，益事临摹，粉墨恒不去手。篝灯讨论，漏三下不已。闺房之内，如获谈艺胜友也。"[1]

在众多的画家中，谢蕙特别心折清代画家、诗人、孝子刘彦冲的笔意，故在其作品上喜欢钤"私淑梁壑先生"小印。闲暇之时，她喜欢画上几笔，但从不示人，纯粹自娱自乐，故平时所作均"随手散佚"。目前常见的谢蕙所作的书画作品，有扇面、花卉图和她临摹元人王若水仿赵彝斋《水仙》卷三种。扇面是谢蕙用楷书写的诗句，题识曰："西津先生命书"，显然这是谢蕙遵夫君之命的作品；各式花卉图写于光绪十一年；而水仙卷则是她于光绪十二年八月十三日病中临摹，题识：

1 （清）顾麟士：《鹤庐画趣》，文汇出版社2018年版，第3页。

“丙戌中秋前两日，临王若水，谢蕙”。婚后五年，他们并无子嗣，过着你侬我侬的两人世界，他们是伴侣，更是知己。光绪十二年九月十八日，谢蕙因病离世，顾麟士痛失爱妻，那份单纯美好的诗意生活戛然而止。

光绪十四年二月，顾文彬为顾麟士娶潘醴如之女潘志玉为妻。潘氏出身于贵潘大家族，聪慧贤淑，知书达理，顾麟士开始崭新的人生。次年，长子顾则明出生，紧接着儿女们一个个来到世上。除了早慧的则明于九岁那年过世带给他痛苦之外，顾麟士的家庭生活相对安稳。日子就这样随着时光的流逝而波澜不惊，他和同道者成立了怡园画社，发扬光大吴门书画艺术，他自己在画坛的名气也越来越大，求画者络绎不绝，但不为人所知的是，顾麟士的心底始终深埋着对谢蕙的那缕情思。尤其面对那幅谢蕙临摹前人的水仙作品时，常常悲伤不已，当年妻子病中作画的情形历历在目：“每一披读，如见其力疾拈毫，喘呻交作，重温旧梦，不觉泪涔涔堕焉！”[1]其时谢蕙已病重，画完此图才月余就溘然长逝，这幅作品也就成了她的遗作。顾麟士从初婚到如今，已是儿女成群的中年人，其间父亲、爱妻、祖父先后离世，维护过云楼收藏和大家族管理的重任都落在他的肩上。唯有过往的美好，让他暂时忘却生活的烦恼，也正因为美好过往的短暂，滋生了他对

1 （清）顾麟士：《鹤庐画趣》，文汇出版社2018年版，第3页。

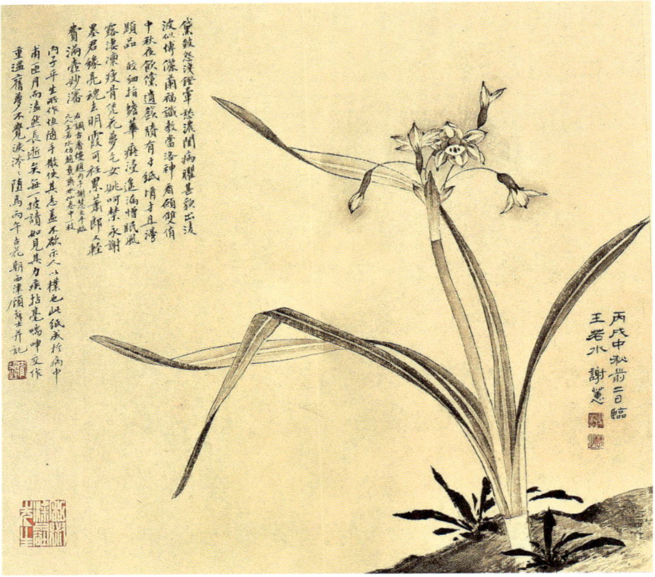

谢蕙《水仙》　过云楼艺术馆藏

谢蕙一世的相思。

时光荏苒，二十年转瞬即逝。光绪三十一年岁末，顾麟士整理遗箧，再次见到谢蕙手摹王若水《水仙》图，他连夜“临写元宴斋十三行二本，合装成册，借留梦痕，并写此图，以志余惘”[1]。“此图”即为《鹤庐怀梦图》。第二年古花朝那天，他在谢蕙临摹的《水仙》图上写下跋语及其所填《古香慢》一阕：

黛皱怨浅，灯晕愁浓，闺病臞甚。貌出凌波，似博俪兰福谶。教当洛神看，愿双侑，中秋夜饮。傥遗奁剩有寸纸，婿才且漫题品。

皎细指、蟾华痴浸。遥漏懵眠，风露凄凛。瘦骨凭花，梦乞女姚呵禁。永谢墨君缘，亮魂去、明霞可衽。累萧郎，又轻费、满壶妙沉。[2]

春社日那天，他为《鹤庐怀梦图》自写跋语，由衷赞美谢蕙“充其诣力，当与南楼清于，分艺林片席，蕙叹芝焚，年不副志”[3]。以谢蕙的天资，以过云楼收藏的名家书画为养料，假以时日，谢蕙在绘画艺术上的造诣必将得以提升，对此，顾麟士除了抱憾还是抱憾。他赋诗一首，题在图上：

1　（清）顾麟士：《鹤庐画趣》，文汇出版社2018年版，第3页。
2　（清）顾麟士：《鹤庐画趣》，文汇出版社2018年版，第3页。
3　（清）顾麟士：《鹤庐画趣》，文汇出版社2018年版，第3页。

懒作侬家老孟光，鸾胶虽续恨难忘。
德工门内无歧誉，才命闺中亦两妨。
慧性来从天女室，弱魂知在水仙乡。
诔亡凭仗丹青笔，不与词人较短长。[1]

纵然如孟光、梁鸿般恩爱，他们还是不能牵手到最后。

光绪三十四年仲冬，应好友顾麟士之请，沈修洋洋洒洒写下《鹤庐怀梦图记》长文，共216句。“谢慧之氏，幼嫔于顾。余友鹤逸，静好罔斁。妙质天陨，久益增恸。爰及图竟，旌曰怀梦。……书闯圣阈，画挟天颖。上臬王令，俛型彦冲。洛神残碣，临式忘倦。私淑梁壑，锓作闺玺……”五年的相伴，二十年的分离，顾麟士以一幅《鹤庐怀梦图》和诗词表达了对谢蕙不尽的思念和对人生无常的无奈。

怡园，曾留下他们的浅唱低吟；过云楼，曾留下他们观摩名画的身影。顾麟士深情款款的词句为谢蕙临摹的《水仙》图赋予了爱的内涵，此图可谓夫妻文画合璧的佳作；《鹤庐怀梦图》则是顾麟士以丹青笔墨抒写的不了情，寄托此生绵绵相思。

1 （清）顾麟士：《鹤庐画趣》，文汇出版社2018年版，第3页。

谦谦君子顾公硕

顾公硕（1904—1966），名则奂，字公硕，以字行，是顾麟士的幼子。顾麟士生有五个儿子，长子顾则明不幸夭折，其余四子分别为顾公可、顾公雄、顾公柔、顾公硕。顾公可是唯一接受新式大学——东吴大学教育的人，三位弟弟则在过云楼学馆接受传统的私塾教育。

顾公硕在二十世纪二三十年代是标准的"文青"，喜欢舞文弄墨，先后用依仁、老奂、七阳、浅草、秀厓等笔名发表文章和摄影作品，身边聚集着一群同道。一本薄薄的《浪华旅行团十周年纪念册》重现了八十多年前的往事。1928年春天，过云楼学馆的学生顾公硕、汪葆楫一行十人兴致勃勃地游览天平山，陶醉于山水之乐的同学们讨论要成立专门的旅行组织。当论及该组织的名字时，才思敏捷的顾公硕脱口而出"浪华"，就这样，以"怡情养性，益智健身"为宗旨的浪华旅行团正式宣告成立。

顾公硕素有"小娇寡"（体弱娇气之意）的雅号，但他偏爱旅行，

顾公硕旧影

平时交游甚广，喜欢与三五知己远足，欣赏自然风光，寻访人文遗迹。浪华旅行团能存在十余年，全赖“公硕之淬励经营，及诸同好之热诚维护”。顾笃璜回忆道：“浪华旅行团是由我家所办，前后活动有十多年。现在许多真实记录二十世纪城乡社会景象的摄影作品，如《人民解放军进军苏州途中》《藏书农民运石上山》等都是父亲的代表作。”确实，在这个旅行团里产生了一批苏州早期的摄影爱好者，而他们的作品也相继出现在1949年前上海的《飞鹰》杂志上。

顾公硕因为爱好摄影而学习日文、德文——当时德国、日本产的照相机比较高档。他写了不少有关摄影的文章，但这一爱好因1949年后社会活动繁忙而无暇顾及。

顾公硕自小耳濡目染书画艺术，能书善画，尤擅鉴赏古字画，也钟情于戏剧、金石、摄影等领域，但受顾麟士“性情孤高、不问政治”的影响，主张“中庸之道”，抱持“与世何争”的人生态度。

1949年4月27日，苏州进入了一个崭新的世界。因目睹了国民党的腐败，并受次子、地下党员顾笃璜的影响，顾公硕全身心投入新社会的建设，专注于文物调查与征集、古建筑保护、园林整修和苏州工艺美术品的抢救。1959年，他参与成立苏州博物馆的筹备工作。

藏品是博物馆的立足之本，顾公硕与王言、谢孝思等人多方奔走，激发群众的爱国热忱，广泛征集文物，并带头捐出珍藏。他所捐的124件珍贵文物中，有元代王蒙的《竹石图》和明代祝允明、唐寅、文徵明、仇英及董其昌等名家的传世珍品。其中文徵明的《五月江深图》表现了江流潆洄、奇峰林立、云树茂密的山水风景，祝允明手稿本《正德兴宁志》（两册）系蝴蝶装，小行楷书，极具钟（繇）王（羲之）笔意，价值非凡。而顾公硕所捐献的沈寿生肖屏四条不仅针法缜密，而且色泽鲜艳，生肖生动活泼，跃然凌空于绢素。因沈寿的绣品多为张謇所藏，这件生肖屏尤显珍贵。

顾笃璜十分赞赏父亲“藏于私不如藏于公”的观点，说父辈们完全没有着眼于藏品的经济价值，他们的捐献，使私家藏品面向人民大众，为传承中华民族优秀传统文化发挥了作用，他们的目光和心胸比起先人更为开阔。

1960年，顾公硕出任苏州博物馆副馆长，他策划组织了《苏州工艺美术陈列》《灯彩展览》《扇子展览》《古今工艺美术展览》等一系列具有苏州地方特色的展览，受到市民和行家的好评。

作为政协委员，顾公硕曾关注民生，馆藏一份五十多年前反映民生问题的档案引起了笔者的好奇。这是顾公硕在1958年提出的“请发行市区公共汽车行车时刻表”的提案。顾公硕鉴于当时苏州市内公共汽车不多，且相隔时间较长，市民出行不易掌握时间而有时导致误事等情况，建议制定一种详细时刻表贴在车上，以便乘客了解而节省候车时间。这个提案交由建设局处理，最后公路运输处做了如下答复：“本市公共汽车近年来已在逐步增加，目前各线公共汽车班次间隔时

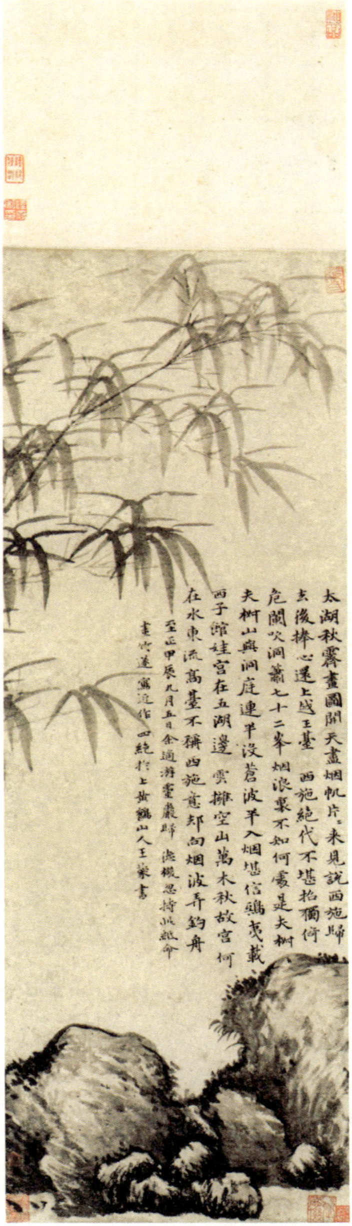

王蒙《竹石图》 苏州博物馆藏

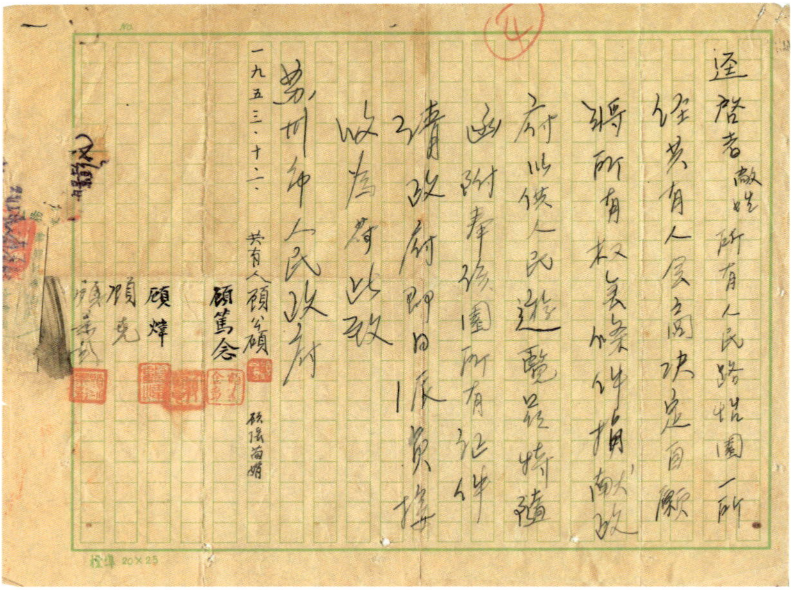
迳启者
敝姓所有人民路怡园一所
经共有人会商决定自愿
将所有权状契件捐献政
府以供人民游览并将随
函附奉该园所有证件
请政府即日派员接
收为荷此致
苏州市人民政府
一九五三、十、十六
共有人顾公硕
顾笃念
顾炜
顾克

顾公硕与族人自愿捐献怡园的函　苏州市档案馆藏

间如下：一路为十一分（钟）、二路为十二至十五分（钟）、三路为十三分（钟）……因此发行时刻表其实际效用不是很大的，拟暂不办理。”这是目前在顾公硕档案中唯一看到的涉及民生的提案。

对这个文化世家子弟来说，他更关心苏州传统工艺美术行业的生存与发展。经过调研，他发现苏州先后有八十多种工艺美术品，而其中不少已经绝迹，有的民间艺人迫于生计改行，如：做天鹅绒的在卖咸鸭蛋，虎丘泥人师傅在卖大饼；有的艺人则被外地挖去，如造烫样的艺人被同济大学请去，修补古玩的专家金氏兄弟到安徽就业，拓吉金的范姓艺人到上海博物馆工作，做石膏镜边的两位艺人先后到杭州发展……在一次政协会议上，顾公硕呼吁要重视工艺美术品的生产，提出分别缓急、分明去路、提高质量、培养新生力量这四点意见，强调要关心老艺人的生活及其工艺的传承，不让一些门类人亡艺绝。1962年，顾公硕兼任苏州市工艺美术研究所所长。他当之无愧。

1954年，顾公硕负责筹建文联刺绣小组，在无经费、无房屋的初创阶段，他就在朱家园自己的家中投入生产，全家义务帮忙。夫人张娴亲手绣制大幅画卷《百鸟朝凤》和《斯大林像》《毛主席像》等作品，顾笃璜参与绘制纹样，设计“垫高绣”。同时他引进刺绣行业声望颇高的金静芬、朱凤、任嘒閒、周巽先等人才，或负责教育，或负责生产。顾笃璜说，父亲当时最得意的莫过于把名画家沈子丞请到苏州。名画家加入后，他的刺绣队伍如虎添翼，使苏绣逐渐从生活品变为观赏品，更具艺术价值，苏绣迎来了真正的春天。

朱凤、任嘒閒均毕业于吕凤子先生在丹阳创办的正则女子职业学校刺绣科，师从杨守玉，绣艺高超，名气也大。朱凤性格直爽，任嘒閒比较内向，坊间传言两人因个性不同而略有不和，都表示如果对方加入刺绣小组，自己就不参加。虽然后来她们都加入了刺绣小组，但为避免摩擦，顾公硕让任嘒閒在前厂带一些人负责乱针绣，让朱凤带一些人在后厂做平针绣，如此安排，两人各司其职，“各尽所长而又互不矛盾”。

朱凤的散套针开始推广，任嘒閒、周巽先则将乱针绣发挥到极致，她们带领绣娘们完成了一批又一批绣品。任嘒閒的《列宁在讲台上》《列宁在拉兹里夫村》受到好评，而朱凤的第一幅散套绣《牡丹》由顾公硕推荐到故宫博物院展出。偶尔也会出现小插曲，有一次，朱凤与顾公硕争了几句，一气之下表示不干了。顾公硕无奈与张娴商量办法，决定由她出面与朱凤沟通。张娴是无锡人，乃清乾隆年间礼部尚书张泰开之后，就读女子职业学校时跟随名家学习刺绣，是位刺绣高手，她和朱凤都是直性子，又佩服对方手艺，关系素来不错。当晚张娴就上门找朱凤谈心，果然第二天朱凤就高高兴兴地继续上班了。

顾公硕于1950年被聘为苏州市文管会专职委员，又担任各种公职，但没有正式工资。1963年的一份档案显示，工作十余年的他每月只领取一般文管会委员的生活津贴50元。鉴于他的职务、能力与贡献，上级部门决定将其工资级别定为行政17级，以“利于调动他的积极性”。这固然是组织上的一番好意，但对他来说钱财是身外之物，他无偿献给国家的过云楼旧藏、怡园都非寻常之物，件件都价值连城。

正当顾公硕先生沉醉于苏州文化事业之时，“文革”风暴席卷全国，顾笃璜作为苏州的“三家村”之一首批被打倒。1966年8月24日，苏州博物馆贴出大字报，批判顾公硕是大地主大资产阶级。第二天上午，苏昆剧团贴出大字报，声明要“把顾公硕家里的黑货统统摧毁”。面对这些激烈行为，顾公硕担心家里尚存文物的安全，主动要求博物馆来抄家。当天下午，苏州市文化局、苏州昆剧团等“革命造反队”近四十人来到顾家，批斗一番之后，又在墙上写大字报，说明他们父子须接受群众监督，接着顾公硕又被拉到大门口，向二三十位群众表明态度。顾公硕主动要求抄家的决定无疑是一件值得我们庆幸的事情，抄家避免了珍贵文物无端被毁，而今顾笃璜先生捐赠的过云楼友朋手札和苏州贵潘友朋手札，都是那场抄家后的“幸存者”。

中国的知识分子历来重视自己的人格，顾公硕无法预测这场灾难的尽头，当夜留下“士可杀不可辱，我去了”的字条后，就投入清流之中，永远离开了这个世界。

2012年正月初二，位于沈德潜故居的昆剧传习所比往常安静许多，我再次倾听顾笃璜先生回忆往事，“热心公益，淡泊名利”是父亲顾公硕留给他最深的印象。与顾公硕有交往的人则多赞赏他谦和宽厚的个性，无私捐献珍贵文物的胸怀和对刺绣工艺、桃花坞木刻年画等苏州工艺美术的贡献。

顾文彬家世考略

通过家谱、宗谱之类的文献，我们可以追溯一个家庭、家族的发展变迁及其人物关系，由于顾氏家谱的缺失，以致我们很难再往上追溯顾文彬家族先祖们的情况。顾文彬在《亡三儿承行略》中说："顾氏为吴中大族，家谱久失，系出梁黄门侍郎野王公后。"现据顾文彬日记、家书、手订年谱、祖辈父辈妻儿行略及顾大澜墓志铭等档案文献，大概梳理出顾氏家族发展演变的过程，从中可以了解到顾文彬的先祖们世居苏州桃花坞，属于普通的自食其力的城市平民阶层。在几代人的不懈努力下，特别是顾文彬这代通过"学而优则仕"的传统方式步入官场，才改变顾氏家族的走向，使过云楼成为"甲江南"的著名书画楼，更使顾氏后人浸淫于优秀的传统文化，顾氏因此成为显贵的文化世家。

顾文彬与顾麟士旧影

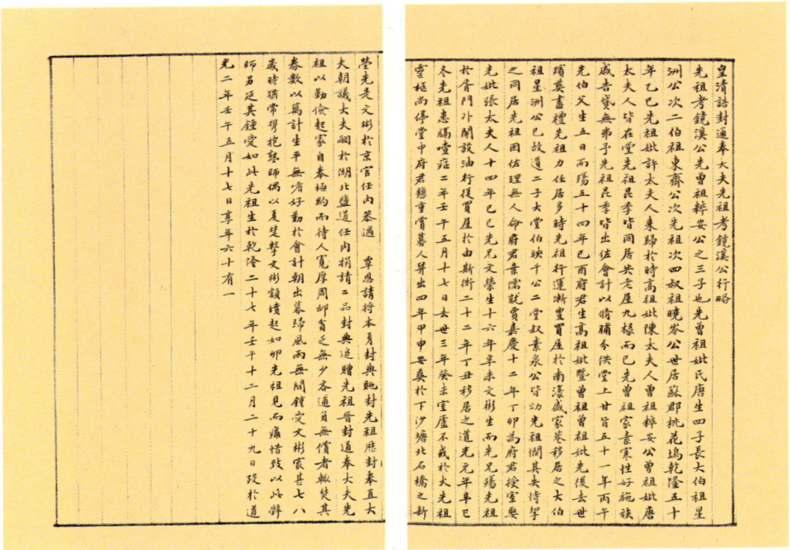
皇清誥封通奉大夫先祖考鏡溪公行略
先祖考鏡溪公先曾祖粹安公之三子也先曾祖妣氏唐生四子長大伯祖星洲公次二伯祖東齋公次先祖次四叔祖曉岑公世居蘇郡桃花塢乾隆五十年乙巳先祖妣許太夫人來歸於時高祖妣陳太夫人曾祖粹安公曾祖妣唐太夫人皆在堂先祖昆季皆同居共老屋九椽而已先曾祖家素寒性好施族戚告貸無弗予先祖昆季皆出佐會計以贍補家供堂上甘旨五十一年丙午先伯父生五日而殤五十四年己酉府君生高祖妣暨曾祖曾祖妣先後去世殯葬盡禮先祖力任居多時先祖行運漸豐買屋於南濠盛家巷移居之大伯祖星洲公已故遺二子大堂伯詠千公二堂叔素泉公皆幼先祖憫其失恃挈之同居先祖因佐理無人命府君棄儒就賈嘉慶十二年丁卯為府君授室娶先妣張太夫人十四年己巳先兄文榮生十六年辛未文彬生而先兄殤先祖於胥門外開設油行復買屋於由斯衖二十二年丁丑移居之道光元年辛巳冬先祖患膈噎症二年壬午五月十七日去世三年癸未室廬不戒於火先祖靈柩尚停堂中府君懸重賞募人舁出四年甲申安葬於下沙塘北石橋之新塋先是文彬於京官任內恭遇 覃恩請將本身封典貤封先祖歷封奉直大夫朝議大夫洊於湖北鹽道任內捐請二品封典追贈先祖晉封通奉大夫先祖以勤儉起家自奉極約而待人寬厚周卹貧乏無少吝適貧無償者輒焚其券數以萬計生平無嗜好勤於會計朝出暮歸風雨無間鍾愛文彬最甚七八歲時猶常攜抱塾師偶以夏楚擊文彬額墳起如卵先祖見而痛惜致以此辭師另延其鍾愛如此先祖生於乾隆二十七年壬午十二月二十九日歿於道光二年壬午五月十七日享年六十有一

《皇清诰封通奉大夫先祖考镜溪公行略》　苏州市档案馆藏

一

顾文彬的高祖顾圣昭，先后娶沈氏、陈氏为妻。曾祖顾广居，号粹安，娶唐氏为妻，生四子，即星洲公、东齐公、镜溪公、晓岑公，其中镜溪公即顾文彬的祖父顾鑑。

顾鑑，号镜溪，是顾广居的三子，生于乾隆二十七年（1762）十二月二十九日，卒于道光二年（1822）五月十七日。顾广居虽然家庭并不富裕，却“性好施，族戚告贷无弗予”，他的这种乐善好施的性格还遗传给子孙们，顾鑑、顾大澜无不如此。顾鑑兄弟四人皆“出佐会计”，收入所得都用来供养家人，昆季同居一起，仅“老屋九椽”[1]，但大家和谐共处。

乾隆五十年，顾鑑娶许氏为妻，第二年生一子，可惜此子五日后即夭折。直至乾隆五十四年顾鑑夫妇再得一子，即顾文彬的父亲顾大澜。生死永无定数，继儿子顾大澜出生，顾鑑的祖母陈氏、父亲顾广居、母亲唐氏先后过世。虽然行三，但在操办丧事时顾鑑出力最多，安葬亡者，以尽孝道，这可能与顾鑑“行运渐丰”有关。顾鑑经营一家油行，生活不断好转，而家族繁衍，人口增多，老屋人满为患，他决定在南濠街盛家巷买屋另居。考虑到长兄星洲公早逝，两个侄子尚幼，他就将侄儿映千、素泉带在身边一起生活，抚育成人。顾文彬印象中的祖父为人性格温和，平生没有不良嗜好，朝出晚归，风雨无阻，勤俭持家，对己极其节俭，而待人十分宽厚，经常接济贫困亲友，看到有人实在还不出债务，干脆“焚其券，数以万计”[2]。对他人尚且如此友善，对自家孙子更是疼爱有加，已是七八岁的顾文彬还经常被祖父抱在怀中。顾鑑有一次见到顾文彬的额头因被塾师所打而起了一个包，立即

1 《皇清诰封通奉大夫先祖考镜溪公行略》，苏州市档案馆藏。
2 《皇清诰封通奉大夫先祖考镜溪公行略》，苏州市档案馆藏。

更换老师。其实在当时，这是老师对学生的偶尔一次体罚罢了，但顾鑑绝对不允许唯一的孙子受到一点伤害。

祖母许氏出身于书香之家，自幼熟读诗书，在夏夜被蚊子围攻之时，依旧"惟灯而读"，掌握了丰富的历史知识和掌故趣闻。据顾文彬回忆，他小时候常听祖母讲故事，"先祖妣每举书史稗官中异见异闻，讲说不倦"[1]，一旦塾师有事，则由她监督功课。许氏晚年虽"目渐花"，但仍手不释卷。由于她文化修养高，为人极聪明，妯娌之间遇到疑难杂事，都喜欢征求她的意见，而她每次处理事情都十分妥帖，所以家族上下都非常推重她。许氏生性善良，她与顾鑑一样勤奋而节约，持家有方，在顾鑑没发达之时经常以针线活所得贴补家用。许氏一生没有片刻空闲，从不浪费分毫，"一丝半粟未尝妄费，而周恤贫乏曾不少"[2]，儿媳张氏、孙媳浦氏均以她为楷模，毕生勤俭持家，连用人们都"无敢偷惰"。或许因为顾文彬是唯一的孙子，加之从小体弱多病，许氏对他钟爱异常。顾文彬三岁之时，就随许氏起居生活，由其精心调养。随着顾文彬渐渐长大，许氏对他的举业之路提出不少意见，并坚持让他走科举道路。可以说，许氏不仅是慈爱的祖母，还是他的人生导师。道光十一年，顾文彬中举，老人家倍加喜悦。第二年，顾文彬赴京参加会试，一等宣布结果，立即回苏，用他的话讲是以慰

1 《皇清诰封夫人先祖妣许太夫人行略》，苏州市档案馆藏。
2 《皇清诰封夫人先祖妣许太夫人行略》，苏州市档案馆藏。

祖母"倚闾之望"。道光十三年又值会试，许氏自知年老体衰，随时都会离开人世，便对顾文彬说："我年已高，不愿汝远离膝下，此次会试可勿往"[1]。果然第二年，许氏患病，"医药罔效，彬手书疏纸，焚于城隍神前，乞借寿十年"[2]。顾文彬既焚香问神，又割股肉煎汤伺候，纵然祖孙情深，也无法挽救许氏的生命。

顾文彬年少时比较任性，祖母一直告诫他。她似乎预测到孙子的未来，曾对顾文彬说："汝他日可望得官，但切不可任性，官事重大，稍一任性，未有不偾事者。"[3]许氏虽为一介女流，却高瞻远瞩，深知普通人家只有靠书包翻身的道理，更懂得为官者自我约束与情绪管理的重要性。正是她支持顾文彬走读书致仕的道路，从而改变家族命运，使顾氏晋升为官宦之家，进而以文化育人，成为文化世家。可以说祖父母为人善良、处事达观、持家有方、生活俭朴的品质，给顾文彬留下了深刻印象。

按理说有这样一位知书达理的母亲的教诲，当年顾大澜也是一门心思走科举考试的道路，以求"学成文武艺，货与帝王家"——这是历朝历代读书人共同的愿望。的确，他自幼拜在蒋实庵门下，因聪慧好学，深得蒋师的期许与喜爱。从年少到暮年，他养成了无书不览、秉

1 《艮庵老人手订年谱》，苏州市档案馆藏。
2 《艮庵老人手订年谱》，苏州市档案馆藏。
3 《皇清诰封夫人先祖妣许太夫人行略》，苏州市档案馆藏。

烛夜读的好习惯，书法学赵孟頫，“尤精小行楷”。然而由于顾家人丁单薄，又不能供膏火，遂在顾大澜十六岁之时，顾鑑就命他“弃儒学贾”。从读书人转身为商人，表面上是身份的转换，实则也是个体命运的改变，涉及将来的人生航向与社会地位。蒋实庵先生为之可惜，再三向顾鑑力争，然“争之不得”，顾大澜提前结束读书人的梦想，所幸这个梦想后来在顾文彬身上得以实现。

二

顾大澜（1789—1860），字学川，号春江。嘉庆十二年（1807），顾大澜娶张氏为妻，两年后长子顾文荣出生，又两年顾文彬出生，而长子过世。这种情况与上一代颇为相似，已是两代一脉单传，子孙并不旺，顾大澜后来又纳妾，但并未发现其他子女的相关资料。由于顾鑑在胥门外经营一家油行，顾大澜又“精于会计”，便成为父亲的得力助手。出于做生意与日常生活的便利，他们将家从盛家巷搬到附近的由斯弄，此时的顾家已然是三代同堂的小康之家。道光二年，顾鑑过世，顾大澜独自经营油行，因“会计事烦”，又缺少人辅助，遂停止生意，将多年积累的钱财投资到田产上，从工商业者转身为地主。同时，顾大澜开始搜山访水，寻找茔地，准备安葬顾鑑。然而世事难料，道光三年，家中失火，危难之际，顾大澜边哭边奔出门外，大声疾呼，请人抬出存放家中的顾鑑灵柩，声称必有重赏。然火势凶猛，尚未招到救援之人，家人已合力抬出灵柩，但“室中什物不暇携运，荡然无存”[1]，遂致家道中落。

从某种意义上讲，钱财确是身外之物，对顾大澜而言，最大的财富就是顾文彬。顾文彬有志于“四书”“五经”，十二岁时即歌咏桃花“几枝斜竹外，依旧笑春风”[2]，老师发现他颇有吟诗填词的天赋，遂开始教他诗词。顾大澜非常关心顾文彬的学业，更关心他的身体健康，一有风吹草动，就焦急如焚。道光八年，顾文彬“患喉症颇剧，城乡名医延请殆遍”[3]，但仍不见效。当时名医陈萃田医道最精，顾大澜为了儿子的性命，不惜“屈膝求拯”。道光十年，顾文彬参加“昆山道考，复试有讹传文彬病不能入场者，府君闻之，立唤肩舆，夤夜疾驰来视，九十里未尝少休”[4]。父子之间天然亲情，加之顾大澜对儿子日常学习生活的全方位关爱，使他们的感情浓于一般父子。眼看顾文彬一天天长大，成家在即，一家人仅靠田产为生显然行不通。道光五年，他们从由斯弄搬到闻德桥，顾大澜再次从商，与朋友合伙开设布号，经营布匹买卖。而顾文彬则娶妻生子，专心学业，并于道光十一年得中举人，这给中途辍学的顾大澜带来些许安慰，然“府君与先妣皆转喜为悲，悲先祖妣不

1 《皇清诰封通奉大夫显考春江府君行略》，苏州市档案馆藏。
2 《艮庵老人手订年谱》，苏州市档案馆藏。
3 《皇清诰封通奉大夫显考春江府君行略》，苏州市档案馆藏。
4 《皇清诰封通奉大夫显考春江府君行略》，苏州市档案馆藏。

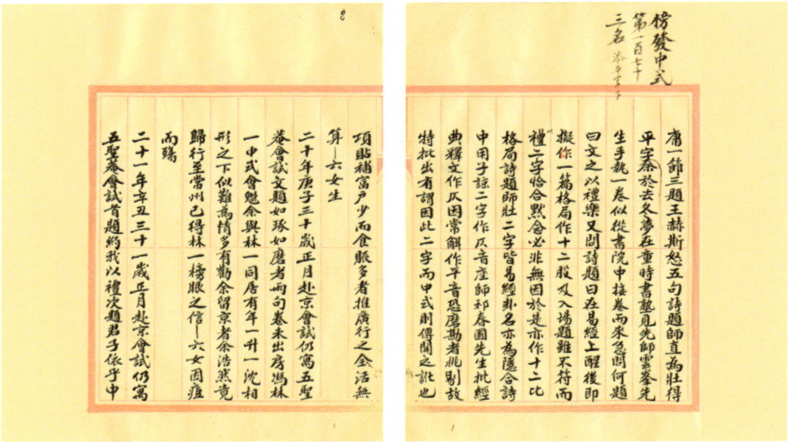
項貼補富户少而食賑多者推廣行之全活無
算一六女生
二十年庚子三十歲正月赴京會試仍寓五聖
菴會試文題如琢如磨者兩句卷未出房馮林
一中式會魁余與林一同居有年一升一沈相
形之下似難爲情多有勸余留京者余浩然竟
歸行至常州已得林一榜眼之信一六女因痘
而殤
二十一年辛丑三十一歲正月赴京會試仍寓
五聖菴會試首題約我以禮次題君子依乎中

榜發中式第一百七十三名

庸一節三題王赫斯怒五句詩題師直爲壯得
平字忝於去冬夢在童時書塾見先師雲峯先
生手執一卷似從書院中接卷而來急問何題
曰文之以禮樂又問詩題曰在易經上醒後即
擬作一篇格局作十二股及入場題雖不符而
禮二字恰合默念必非無因於是亦作十二比
格局詩題師壯二字皆易經卦名亦爲隱合詩
中用子諒二字作仄音座師祁春圃先生批經
典釋文作仄因常解作平音恐磨勘者挑剔故
特批出有謂因此二字而中式則傳聞之訛也

《艮庵老人手订年谱》 苏州市档案馆藏

及见也”[1]，遗憾最疼爱、最支持顾文彬的老祖母没能等到这一天。顾大澜告诫儿子：“‘孝廉’二字，当之不易，汝宜顾名思义也。”顾大澜经营田产、布号，为家人提供衣食保障，儿子顾文彬则一心读圣贤书，期望再上一个台阶。

然而至道光十五年，随着赋税严重，他们陆续将田产“减价售去”，布号也开始接连亏损，家庭经济下滑。尽管如此，顾大澜依旧热心助人，由于顾氏宗族人多，仅“宗族戚友待以举火者数十家”。这支

1　《皇清诰封通奉大夫显考春江府君行略》，苏州市档案馆藏。

庞大的求助人群时常要求顾大澜提供帮助，而他与乃父一样菩萨心肠，“有求必应，告贷者踵接于门，或值匮乏则典质以应之，由是家计大落”[1]。顾文彬笔下的父亲慷慨大方，“于族中兄弟子侄，贫病者养赡之，病殁者殡葬之，失业者提携之，无力完婚者欣助之，无力习业者津贴之。由族而亲，由亲而友，数十家不止也”[2]。顾家好不容易通过多年奋斗赢得的安稳生活因接济、借贷受到不少影响。顾氏家族本不兴旺，能自立者更少，所以顾大澜多次劝诫顾文彬：“惟汝一枝有向荣之望，苟得志，毋忘培根庇叶也。”[3]次年，他们不得不再度搬家，同时中止布号生意，先搬到桐溪浜，第二年复迁居于申衙前。尽管“家计益窘”，但顾大澜生性旷达，并不忧戚，乐观生活。

道光二十一年顾文彬得中进士的消息传到苏州，顾大澜夫妇喜极而泣，重新燃起顾氏复兴的希望。第二年，顾文彬的母亲张氏和妻儿一行北上，照顾、陪伴做小京官的顾文彬，但顾文彬的收入所得不够生活开支，顾大澜“每岁陆续寄资津贴”。顾大澜曾要同行进京，但因其早年在太湖遇到暴风，舟船险遭倾覆，从此害怕坐船。这次当船行到无锡黄埠墩时，他见湖面开阔而心神大乱，只得止步回苏，让妻子、儿媳带着孙辈们进京。他坚守在苏州这个大本营，经理铜局事务，使宦游在外

1 《皇清诰封通奉大夫显考春江府君行略》，苏州市档案馆藏。
2 《皇清诰封通奉大夫显考春江府君行略》，苏州市档案馆藏。
3 《皇清诰封通奉大夫显考春江府君行略》，苏州市档案馆藏。

的儿子没有后顾之虑。当顾文彬觉得京官补缺遥遥无期，而想改捐外官时，他鼎力相助，以其在亲友中的好口碑，不日就借到六千金，为顾文彬改捐直隶州知州提供财力保障。顾文彬事后用重墨写下父亲对其及家庭的倾力支持："文彬服官京师，不但不能禄养，反需频年津贴。又益以改捐巨款，由是府君于支持家计之外，更增一累，此二十余年中不知耗几许精神、几许心血，文彬惛然坐视，不能助丝毫之力也。及服官楚北，俸入稍优，足资事育，而积累过重，仅能敷衍，并无宽裕。凡府君之宿逋，皆以铜局所得修补，徐自清偿，不肯用俸余毫末也。"[1]

顾文彬三度上京城，由京官而外放，他在外期间，顾大澜独自把家搬到铁瓶巷，并为三孙顾承张罗婚事。咸丰三年（1853）正月，太平军围攻金陵，顾大澜带着家人到洞庭东山避难，四月他们转移到下沙塘茔屋，到八月上海告急时他们迁移到无锡朱埂，直至第二年春天回苏。战乱带来了恐慌与不安，但生活中时时荡漾快乐的音符。当顾大澜七十寿辰，宾客盈门时，儿媳浦氏率领小辈们"奉觞称祝，舞彩盈庭"，父慈子孝，家庭和美，其乐融融。此时老人家已有三个孙子、一个孙女，五个曾孙子、两个曾孙女，可谓儿孙满堂。他顾而乐之，幸福满满，连日招待亲友，毫无倦容。这可能是顾大澜一生中最得意、最荣耀的时刻。这一年顾文彬因克复九江有功，恭遇覃恩，追封三代，顾大

1 《皇清诰封通奉大夫显考春江府君行略》，苏州市档案馆藏。

澜捐请二品封典，晋封通奉大夫。

自顾文彬进京为官后，父子之间每月必通一信，及至顾文彬到湖北任职后，他们每月通信两至三通。顾大澜在信中时常劝告儿子“居官清慎勤为勖”，声称自己身体、精神尚好，让顾文彬安心做事，无须惦念。顾文彬回忆其“官西曹时，则勖以明慎用刑；官楚北时，则勉以先事后食”。当得知太平军围攻武汉的消息时，顾大澜要求儿子尽职履职，不可苟且偷生，“汝有分守之责，即当与城存亡，切勿临难苟免”[1]。咸丰十年二月初一顾大澜病逝，顾文彬为生前不能尽孝、死后不能守灵而悲痛欲绝，他谢绝了湖广总督官文的挽留，执意丁忧回苏，可返乡之路又因战事受阻。直至同治三年（1864）八月，顾文彬才携家人重返苏州，定居铁瓶巷，自此这里成为顾氏的大本营与顾文彬终老之所。

同治十二年五月，顾文彬通过捐资助赈等形式，获得朝廷授予其曾祖父母、祖父母、父母、妻子等从一品、“覃恩封典”的殊荣。顾文彬的祖辈父辈以会计及自己开店经营生意获得较好的经济来源，过上小康生活，供养子辈读书，而且他们以其厚道善良、帮贫扶弱的品性影响了后代，其中祖母许氏和父亲顾大澜在顾文彬人生道路上起到关键性作用，前者决定了顾文彬的人生道路，后者则为顾文彬的家庭生活提供物质保障，这从顾文彬为他们所记述的行略中可见一斑。

---

1 《皇清诰封通奉大夫显考春江府君行略》，苏州市档案馆藏。

三

道光七年八月初十，顾文彬与浦氏结为夫妇。浦夫人为家中长女，下有四个弟妹，为人端庄平和，又粗通文义，在娘家时就吃苦耐劳，“提携幼弟，操习女红”。浦夫人十九岁时嫁入顾家，公公顾大澜初见儿媳就夸奖“贤内助”也，事后也证明她不负翁姑所望，不仅接连为顾家添丁，更以贤德称道于人。

顾文彬的祖母、母亲“自奉俭约，治家整齐”，浦夫人以两代婆婆为榜样，为人处事极讲分寸，故深得祖母许氏的喜爱。当许氏过世之时，顾文彬描写浦夫人“以素蒙钟爱，悲痛逾常，又恐重伤先妣心，乃强自节哀，婉曲劝慰”[1]。可见，浦夫人极其注意与两代婆婆的相处之道。她对婆婆张氏极尽孝道，当年顾文彬在京为官时，她们与同乡及世交的内眷们时有往来，每逢喜庆宴会，浦夫人必陪伴婆母大人前往，“跬步不离，人皆称羡，谓姑媳亲爱逾于母女”[2]。浦夫人为人贤惠通达，当家道中落，全家由桐溪浜迁居申衙前时，她主动拿出“奁中钗钏，易五百缗为典屋资”[3]；当三个儿子成婚、一个女儿出嫁时，所有簪珥衣服之属，都是以她自己的嫁妆为基础，均匀搭配，再稍微添置一些而组成的，“粲然可观”，让每个儿女的婚嫁都体面风光。即使成为

1 《皇清诰封淑人亡室浦淑人行略》，苏州市档案馆藏。
2 《皇清诰封淑人亡室浦淑人行略》，苏州市档案馆藏。
3 《皇清诰封淑人亡室浦淑人行略》，苏州市档案馆藏。

祖母级人物，孙辈的衣履之物也均出自她手，待孙辈如自己抚育子女时那样用心。浦夫人与顾文彬琴瑟和谐，当体弱的顾文彬要远行考试时，浦夫人担心他不耐风寒，“忧形于色，初不以科名为喜也”[1]。之后浦夫人两度到京陪伴顾文彬，照顾其起居生活。“长安居，大不易”，柴米油盐诸事，全仗她操心。顾文彬到湖北做官的时候，俸禄等收入渐高，家境好转，却因战事带来无尽烦恼，包括夫妻、父子分居两地，音讯不畅。浦夫人留守苏州，侍奉高堂，“井臼之事，依旧亲操；翟茀之荣，一日未享”[2]。这位能干而坚强的女性为顾文彬撑起一个家，却经受不住次子、长子先后离世的打击，在咸丰十年九月终于倒在了避难的异乡无锡。顾文彬留下这样的文字：“仓皇避难，既伤家室之漂摇，复痛两儿之夭折，旧病加增，愤恨以殁。”[3]或许是夫妻情深，顾文彬之后并未续弦，而是先后纳蒋氏、浦氏、张氏为妾，将正室的位置永远留给浦夫人。

顾文彬与浦夫人育有四子二女，其中第四子、第六女早夭，成人的有长子顾廷薰、次子顾廷熙、三子顾承及五女，除长子无后外，顾廷熙育有三子，即麟祥、麟诰、麟韶，其中麟祥过继给顾廷薰为子，顾承育有四子三女，即麟元、麟颐、麟士、麟澥四个儿子，麟保、麟珍、麟霞三个女儿。浦夫人过世之后，顾文彬于同治元年纳常熟人蒋氏为妾，第二年八

1 《皇清诰封淑人亡室浦淑人行略》，苏州市档案馆藏。
2 《皇清诰封淑人亡室浦淑人行略》，苏州市档案馆藏。
3 《皇清诰封淑人亡室浦淑人行略》，苏州市档案馆藏。

月蒋氏产下一子，名廷廉，在众兄弟姐妹中行七。顾文彬老年得子，活泼可爱的幼子给战乱时期客居上海的他带来不少乐趣，可惜幼子两岁时就因“惊风骤殇”，以致他痛惜道：“余素钟爱，哭之恸。”[1]蒋氏于同治六年病故。同治五年、六年，顾文彬又先后纳浦氏、张氏为妾，张氏无后，浦氏育有两子，即顾煦与顾荥，在家中行八、行九。可能因为是顾文彬年老得子，已无力管教，这两个儿子在家族中被称为八大王、九千岁，他们的为人、学养等也许无法与三位兄长相比。然而，最近从一些资料中发现顾荥擅长篆刻，与吴昌硕、陆恢都有交往，也算继承了父亲的一些文艺细胞。据王颂蔚撰写的顾文彬墓志铭，至光绪十六年，顾文彬有七个孙子、四个孙女；十二个曾孙、十一个曾孙女。与其祖辈、父辈相比，到顾文彬这代，顾家开枝散叶，人丁兴旺，俨然已是一个大家族。

受到史料限制，又缺少宗谱、家谱之类的重要文献，目前对顾文彬的八子的研究几乎没有，而顾氏家族只有顾文彬六孙顾麟士这支的资料相对多些，其余支脉偏少。顾麟士之子顾公可、顾公雄、顾公柔、顾公硕继承家学，对书画均有研究，先后将他们名下的过云楼藏品捐赠给国家公共文化机构。民国时期，科学救国的观念影响传统文化世家，顾公硕的儿辈中除顾笃璜习文外，其余都是工科生。

1 《艮庵老人手订年谱》，苏州市档案馆藏。

顾氏家族世系图

- 顾圣昭
  - 顾广居
    - 顾鑑
      - 顾大澜
        - 顾文荣（殇）
        - 顾文彬
          - 顾廷薰
            - 顾麟祥
              - 顾则绎
                - 顾笃因
                - 顾笃敬
                - 顾笃诚
                - 顾笃绪
          - 顾廷熙
            - 顾麟祥（嗣廷薰）
            - 顾麟诰
              - 顾则忠
              - 顾则万
              - 顾则立
              - 顾则安
            - 顾麟韶
          - 顾廷烈（顾承）
            - 顾麟元
              - 顾则义
            - 顾麟颐
              - 顾则义（嗣麟元）
              - 顾则礼
              - 顾则润
            - 顾麟士
              - 顾则明（殇）
              - 顾则久
                - 顾笃瑾
                - 顾笃瑜
                - 顾笃燮
              - 顾则扬
                - 顾笃琳
                - 顾笃璋
                - 顾笃球
              - 顾则坚
                - 顾笃琨
              - 顾则奂
                - 顾笃瑛
                - 顾笃璜
                - 顾笃琰
                - 顾笃琪
            - 顾麟澥
              - 顾则尧
              - 顾则正
              - 顾凤翰
              - 顾则昌
              - 顾亭亚
              - 顾则贤
          - 顾廷廉（殇）
          - 顾煦
          - 顾荥

注：由于掌握信息有所局限，此表未能全部反映顾文彬子嗣情况。顾文彬日记与年谱中所载曾孙有的名字不同，目前以年谱为准。

解读《过云楼家书》

由苏州市档案局（馆）和苏州市过云楼文化研究会点校的《过云楼家书》于2016年11月正式出版。此书收录了顾文彬北上京城候缺及出任宁绍台道期间写给儿子顾承的书信527通，起止年代为同治九年（1870）三月至光绪元年（1875）四月。顾文彬生活在没有网络的年代，唯有以“见字如面”的方式传达有关牵挂家人、教育儿孙和买卖书画的情感与信息。由于顾文彬时为宁绍台道，故其家书中有不少涉及官场交往、处理政务、收缴关税及海关边防等方面的内容，因此《过云楼家书》除记录官宦之家的家风家教、人情往来、民风习俗和过云楼收藏经过之外，还从另一个侧面反映了晚清的政治、经济和社会生活。

一

苏州过云楼因庋藏名家书画、古籍善本而闻名于海内外，前几年

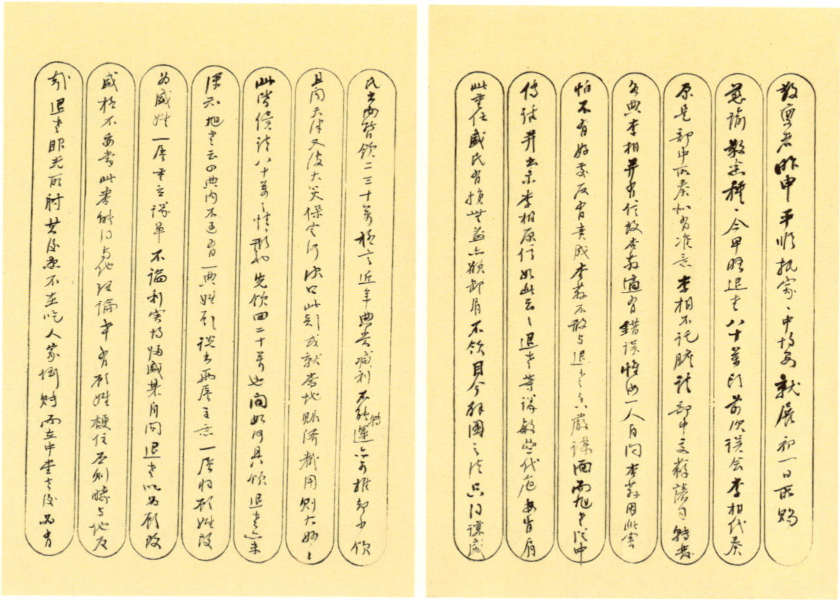

顾承信札　苏州市档案馆藏

又因《锦绣万花谷》等珍本以2亿余元的天价拍卖成功，再次引起社会轰动。过云楼收藏并非一日之功，而是一个漫长的积累过程，要研究过云楼的历史文化，自然离不开《过云楼日记》《过云楼家书》等第一手文献资料，尤其是顾文彬与顾承的来往信函，更是详细反映了他们收藏书画碑拓、名人手札等精品的全过程。《过云楼家书》形成之期，正是过云楼藏品日渐丰厚之时，有关书画的来源、价格、价值，以及鉴赏、买卖过程在其中都有详细记述。

买卖书画是顾文彬父子信中讨论得最多的问题，几乎占了家书绝大部分篇幅，由此可见，书画是顾文彬官宦生涯外的精神寄托与物质支撑。顾文彬受其父顾大澜的影响而喜爱书画，且有过之而无不及。书画不仅能陶冶情操，而且能通过买卖获利。一旦将书画经营作为重要行当来做，那么掌握书画市场的行情对藏家来说非常重要——以便用最合算的价格在最适当的时机买进卖出。顾文彬在京城候缺等待起复的十个月里，经常光顾博古斋、松竹斋、论古斋、德宝斋、润鉴斋等古玩店铺，及时将京城的书画价目、流行情况等告知顾承，为书画买卖做好准备。除北京、杭州、宁波等地方外，上海也是他特别关注的地方，同治十年七月的家信中罗列了上海金莲生、金兰生、郑朗亭、齐玉谿、楼氏等处书画的情况，要求顾承一一寻访。

当时顾氏收藏书画的名声已传播在外，因此那些做古董生意的人和朋友们经常会主动向他们父子兜售或介绍书画，以至顾文彬在信中骄傲地对儿子说："我与汝既具空群之目，复为登高之呼，各处尤物不胫而走。"[1]同样一件书画，一旦卖家得知过云楼有意收藏，其价格必然上涨，故而顾文彬在书信中经常关照顾承购买书画要"以速为妙"，"先抢到手，省得与人争竞"[2]。当他得知上海齐玉谿要出售书画时，立即致函顾承，说齐家佳物必多，"山樵、石谷两册，世间稀有，切勿交臂失之，更恐为捷足者得去，如肯脱手，亟须取归"[3]。顾文彬瞩目王蒙、王翚作品，求物心切，但又怕别人得知他的想法后居奇抬价，便要求顾承想方设法，"先将物取归，以杜他人夺取之路"[4]。顾文彬先用自身的艺术修养来判断书画的优劣、真伪及其价值，又用商人的精明手段来获得心爱之物。综观过云楼书画买卖过程，实为斗智斗勇的过程。当然这是在确保真品的情况下才能如此行事。

来之不易的藏品自然需要妥善保存，但又不能拒绝朋友们的观赏要求，以免伤了感情，故顾文彬嘱咐顾承，一般的书画作品，吴云、李鸿裔等朋辈可借去阅览，但特别珍贵的只能到家中欣赏。他既怕书画沾染油渍，又怕其在水运中遭遇危险，"一则油具之污可虞，二则据舷之夺可怕，皆当防备"[5]。

---

1 （清）顾文彬：《过云楼家书》（点校本），文汇出版社2016年版，第62页。
2 （清）顾文彬：《过云楼家书》（点校本），文汇出版社2016年版，第55页。
3 （清）顾文彬：《过云楼家书》（点校本），文汇出版社2016年版，第52页。
4 （清）顾文彬：《过云楼家书》（点校本），文汇出版社2016年版，第53页。
5 （清）顾文彬：《过云楼家书》（点校本），文汇出版社2016年版，第54页。

有一段时间，顾承对书画的兴趣不如先前那么浓厚，顾文彬颇为伤感，劝导儿子："书画一道，汝已阑珊，我尚高兴，汝何不从我之兴，踊跃从事乎？"[1]在某种程度上，他们不但是父子，还是书画同道，父亲的财力支撑与儿子的鼎力相助书写了过云楼的传奇。他们经常在书信中分享鉴定书画真伪之经验，顾文彬一度认为对书画真伪的评判凭第一感觉，他在同治十年十一月十二日的信中向儿子介绍鉴赏书画要诀："我最佩金兰坡之言，曰以乍展阅时，一眼望去为准。此最初一念，所谓是非之公心也。及至反复审视，往往有搜寻出来之好处，然此已是转念，未免有回护之意，而是非之公心淆矣。执此以论定书画，十得八九。"[2]随着经验与教训的积累，顾文彬凭第一感觉断定书画真假的想法逐渐改变，认为"观古人遗迹，必须虚心细审，若自执己见，一望便决其真伪，必有失眼之处"[3]。顾承长期浸淫于书画中，自言鉴定书画"眼光如电，一闪便知真伪"[4]。顾文彬以顾承曾看走眼沈周作品为例，教育儿子要谦虚谨慎，必须心细如丝，才能万无一失。鉴赏力是书画艺术修养达到一定高度才会具备的，而虚心细心审看才能避免买到赝品或者错过真迹。比如，顾文彬当初并不欣赏恽寿平的一幅山水画，画上有霉迹，画面没精气神，过后发现这是恽寿平仿黄公望《陡壑密林图》，

1 （清）顾文彬：《过云楼家书》（点校本），文汇出版社2016年版，第111页。
2 （清）顾文彬：《过云楼家书》（点校本），文汇出版社2016年版，第93页。
3 （清）顾文彬：《过云楼家书》（点校本），文汇出版社2016年版，第235页。
4 （清）顾文彬：《过云楼家书》（点校本），文汇出版社2016年版，第238页。

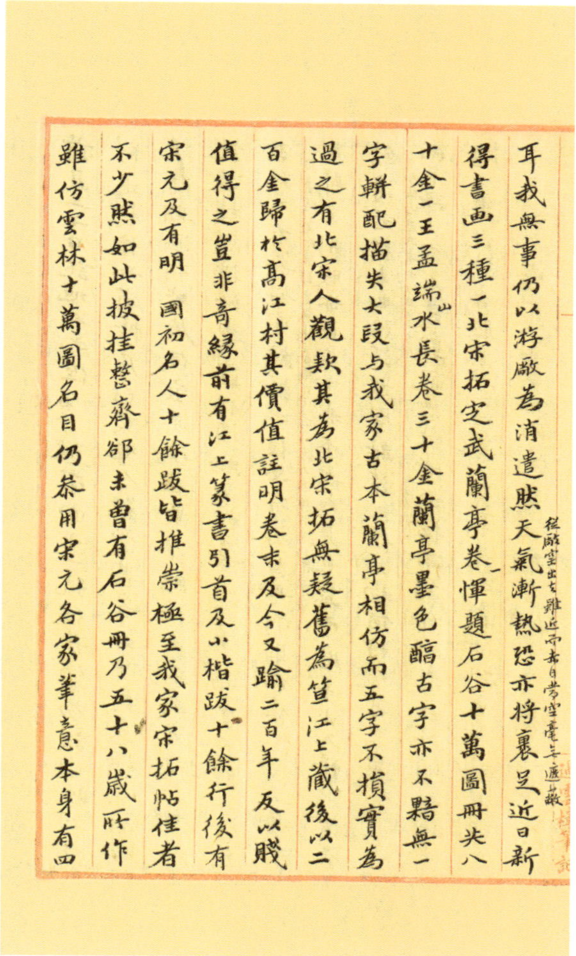
耳我無事仍以游廠為消遣（從廠堂出去雖近而每日當空毫無遮蔽）然天氣漸熱恐亦将裹足近日新
得書画三種一北宋拓定武蘭亭卷一惲題石谷十萬圖冊共八
十金一王孟端山水長卷三十金蘭亭墨色黯古字亦不黯無一
字缾配描失大段与我家古本蘭亭相仿而五字不損實為
過之有北宋人觀款其為北宋拓無疑舊為笪江上藏後以二
百金歸於高江村其價值註明卷末及今又踰二百年反以賤
值得之豈非奇緣前有江上篆書引首及小楷跋十餘行後有
宋元及有明　國初名人十餘跋皆推崇極至我家宋拓帖佳者
不少然如此披挂整齊卻未曾有石谷冊乃五十八歲所作
雖仿雲林十萬圖名目仍恭用宋元各家筆意本身有四

过云楼家书　苏州市档案馆藏

“山川浑厚，草木华滋，竟是出色之作，题字超逸，亦与芝山图相埒，几失交臂”[1]。全面掌握书画行情、及时做出准确判断、讲究谈判技艺，是顾氏父子得以将珍贵字画“一网打尽”的主要原因。

顾文彬在《过云楼书画记》中说“书画之于人，子瞻氏目为烟云过眼者也”。任何个体在历史长河中都是沧海一粟，何其渺小，书画之物确如过眼烟云，然人与物相比，物是永恒的，而人才是物的过客而已。从大处讲，顾文彬所言极是，书画于人也是一场终究要散去的盛宴，然正是他对书画的痴迷与渴求才有了江南名楼过云楼的崛起。顾氏父子拼眼力拼财力，四处搜罗书画，且不断将收藏的中下等书画出售，“推陈出新，新得之物必皆上驷”[2]。换言之，以经营所得购买档次更高的书画珍品，使过云楼收藏精益求精，独领风骚。“红尘四合，烟云相连”，正是顾文彬的执着及其子孙们的努力，才打造出了过云楼书画王国。而顾文彬留下的一部《过云楼家书》则揭秘了一件件书画作品的前世今生及其与顾氏的缘分，从中也可以一窥顾氏父子高超的艺术修养、雄厚的财力、独到的眼界、精明的经营头脑和强烈的市场意识。

1 （清）顾文彬：《过云楼家书》（点校本），文汇出版社2016年版，第235页。
2 （清）顾文彬：《过云楼家书》（点校本），文汇出版社2016年版，第109页。

二

顾文彬除酷爱书画艺术、擅长诗词写作之外，还十分懂得享受生活与处理家事，私密性的家书如实反映了他的思想与情感活动。对家人的温情是《过云楼家书》的看点之一，顾文彬在书信中对家人嘘寒问暖，细致呵护，严格教育，呈现出他为人夫、为人长辈的体贴、慈爱、严厉等多面性。

首先对妻妾有情有义。他的原配浦夫人病亡之时，顾文彬正在湖北任上，得知浦夫人及两个儿子过世的消息后，顾文彬难以接受。之后再未续弦，而是纳妾侍候生活，以示对浦夫人的尊重。当年顾文彬进京做官时，浦夫人一路相陪，同治九年他重返京城旧居时，触景生情，告诉顾承："惟念及汝母与蟾仲夫妇，未免又生伤感。"[1]浦夫人过世多年后，他又请人为其画像，以志纪念。他先后纳蒋氏（早亡）、张氏和浦氏为侧室，由于担心浦氏阻止他北上之举，故于同治九年三月初二黎明，"潜令张姬同行，托言儿辈送我登舟"[2]，浦氏蒙在鼓里。但顾文彬心中放不下浦氏，再三叮嘱顾承多加劝慰，并要儿孙多关心浦氏的身体，说"伊腹中素有结块，大约肝气所凝，倘或举发，仍须延

1 （清）顾文彬：《过云楼家书》（点校本），文汇出版社2016年版，第8页。
2 （清）顾文彬：《过云楼日记》（点校本），文汇出版社2015年版，第10页。

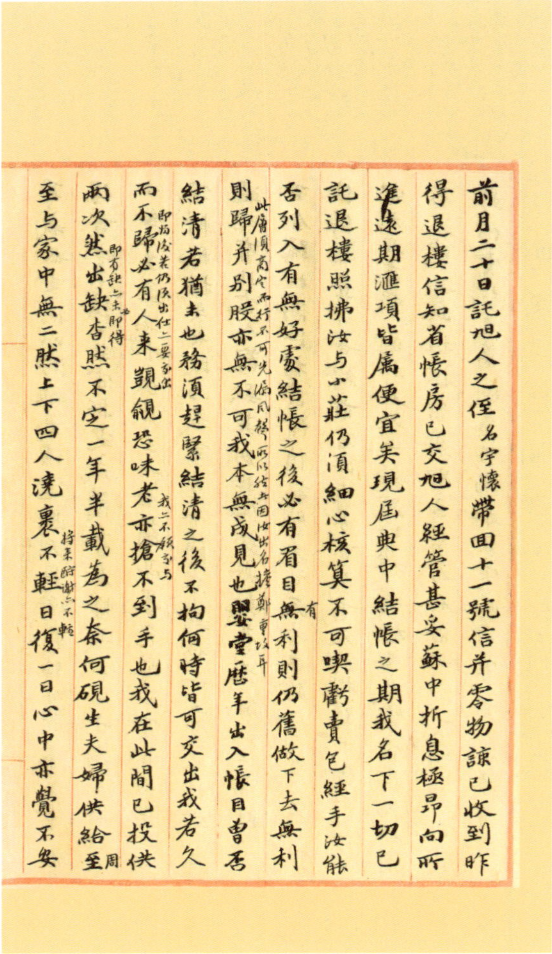
前月二十日託旭人之侄（名字懷）帶回十一號信并零物諒已收到昨
得退樓信知着帳房已交旭人經管甚妥蘇中折息極昂向所
進逺期滙項皆屬便宜矣現屆典中結帳之期我名下一切已
託退樓照拂汝与小莊仍須細心核算不可喫虧責包經手汝能
否列入有無好處結帳之後必有眉目無（有）利則仍舊做下去無利
則歸并别股亦無不可我本無成見也（此層須商定而行不可先偏風聲所以結束因汝出名接鄭重攷耳）墨壹歷年出入帳目曾否
結清若猶未也務須趕緊結清之後不拘何時皆可交出我若久
而不歸（即將後来仍須出仕之要字出）必有人来覬覦恐味老（我亦不欲字与）亦搶不到手也我在此間已投供
兩次然出缺（即有缺亦未即得）杳然不定一年半載爲之奈何硯生夫婦供給至周
至与家中無二然上下四人澆裹不輕（將来酬謝亦不輕）日復一日心中亦覺不安

过云楼家书　苏州市档案馆藏

医调治”[1]。之后多封家信中提到浦氏的零花钱、用人使用与起居生活等方面的安排，不得不说顾文彬是个多情周到的暖男型丈夫。张氏婚后七年没有生育，望子心切，郁郁寡欢，顾文彬见此，主动提出将顾承的幼子麟澥作为张氏的嗣孙，让她亲自养育，解其忧愁。

其次对儿孙关爱有加。顾文彬与浦夫人、蒋氏、浦氏育有七子二女，除二子一女夭折外，其余都长大成人。与浦夫人所生的长子、次子皆亡于咸丰十年，故顾文彬对三子顾承倍加疼爱，在信中时时关心他的身体状况，并对他用药的剂量提出建议。这种疼爱还延续到对家中产妇身体保养及哺乳育儿的具体指导上。顾文彬全然是个充满生活经验的和蔼可亲的长者，在同治十年五月十四日的一封家书中，他关心顾承及其妻子朱氏：“天气炎炎，切勿出门，恐致受暑。汝媳分娩在即，诸须小心。从前产后多病，尤宜预防也。”[2]之后又来信关照：“天气酷暑，汝媳分娩在迩，务须格外小心，着凉固不可，触暑尤不可也。”[3]同治十一年七月二十日，三孙麟诰（顾文彬次子廷熙的次子，在家族行三，俗称小三房）再次添丁，这个名为则忠的男婴是顾文彬的第二个曾孙。顾文彬得知消息欣喜万分，牵挂孙媳与曾孙的健康，在八月的家书中叮嘱：“小三房产母、小孩谅俱平安，饮食寒暖，

1 （清）顾文彬：《过云楼家书》（点校本），文汇出版社2016年版，第4页。
2 （清）顾文彬：《过云楼家书》（点校本），文汇出版社2016年版，第49页。
3 （清）顾文彬：《过云楼家书》（点校本），文汇出版社2016年版，第56页。

必须加意调护，乳如够吃，以自哺为妙，若用乳妪，安能如自家小心乎？”[4]顾文彬这一支人丁单薄，其父育有两子，长兄文荣幼殇，只有顾文彬承继香火，而今儿子辈只剩下顾承一脉和年幼的八子顾煦，长子又没有后嗣，人丁兴旺是家族的希望所在，能够四世同堂、后继有人是顾文彬所梦寐以求的。

再次对孙女教育有方。顾文彬阅历丰富，深谙处事之道和人情世故，当钟爱的大孙女顾麟保（小名大麟）即将嫁给好友吴云之孙时，他在同治十一年四月的家书中交代顾承：“大麟出阁在即，我不能当面告诫，汝代为宣示。大麟素性尚为驯顺，此后务当孝顺重闱，敬事夫子，持躬宜俭，作事宜勤，谨慎为先，言笑勿苟……其姑传闻略有脾气，尤须加意侍奉，切勿稍有违拗。况生长我等阀阅之家，一切规矩礼貌，偶有失错，便要受人指摘，被人谈论，非同小户人家子女，可以恕其无知也。两家虽对衡望宇，无事不必时常归宁，彼家新妇，只此一房，自应常依膝下也。此虽老生常谈，而为妇之道实不外乎此。”[5]看似严格而絮叨的训示，实质上是顾文彬对孙女即将开启新生活的切实关爱与指点。这段一百多年前的有关为妇之道的“训诫”今日看来仍有一定道理。如何孝敬长辈，如何勤俭持家，如何谨言慎行，如何增进家庭和睦，也是当下每位女性要学习的。顾文彬多次强调“家庭之

---

4 （清）顾文彬：《过云楼家书》（点校本），文汇出版社2016年版，第164页。
5 （清）顾文彬：《过云楼家书》（点校本），文汇出版社2016年版，第148页。

间，和气致祥，乖气致戾”[1]，所谓家和万事兴，家风家教影响人的一生，也影响到家庭的和谐与社会的稳定。

三

如果说顾文彬对孙女的教育更多侧重于妇德，那么对孙子辈的教育则着眼于“学而优则仕”的传统之道了，孙子们是否有出息将涉及顾氏家族未来的发展走向。由于顾文彬长期在外做官，无法亲自教导孙子辈，故经常在家书中隔空训导一番，对他们提出具体要求。通读家书，顾文彬对儿孙辈的要求主要体现在三个方面。

一要他们立志向上。所谓志即人生的目标，有了目标就有了前进的方向与动力。同治十二年十一月十八日，当顾文彬得知孙子们结束考试后荒废功课，没有作文，严厉警告说：“肯用功与否，全在自己立志，志愿上进，自然埋头用功。志甘下达，自然游荡虚度。”[2]他认为一个人若一定要老师来监督，那么用功的程度亦是有限的，换言之，外因须通过内因才起作用，内因即是个人的志向，它决定人们的言行。顾文彬在信中要求孙子们即使老师没来授课，也要“按期作文、作诗、写字，终日安坐馆中，不准在外游荡，若不听我言，荒唐如故，即作为不

1 （清）顾文彬：《过云楼家书》（点校本），文汇出版社2016年版，第181页。
2 （清）顾文彬：《过云楼家书》（点校本），文汇出版社2016年版，第328页。

肖论”[1]。

二要他们走科举之路。他多次在家书中严正指出必须“以举业为正宗”，“与其捐监，不如入泮，为正途也”[2]。顾文彬命令顾承聘请品行端正的老师为孙辈授业，认为“品行比学问更关紧要”，要求新请的业师吴培卿“严立课程，勿因学生年纪已大，从宽优待”[3]，并指示顾承延师要送“聘敬”，辞师则要送“辞敬”，礼节周全，切不可忽略。对老师的尊重体现了顾文彬的重教与为人的理念。他认为一个人想要发达，须要预备发达的本领才行，他以一个过来人的经验总结读书的最佳年龄在二十岁左右，这是一个人学习的黄金时代，过了这个年龄段，即使再勤奋努力，收效也不大，事倍功半，故他要求孙辈“趁此二三年中，埋头用功，一气呵成，始不负天付好时光也”[4]。读书写字是最基本的功课，他对孙子们作文写字提出具体规定。按期作文，大题小题“相间而做”，书课以“小楷为重，小楷为应制之要”[5]。当时考试要用小楷书写，小楷是必须要学会、学精的技能，而“大字乃应酬之具”。练好小字关系到自己的科举前途，写大字则是为别人助兴而已，轻重悬殊已然清楚。至于读什么文章，也做具体规定：“以听雨轩所选天

1 （清）顾文彬：《过云楼家书》（点校本），文汇出版社2016年版，第328页。
2 （清）顾文彬：《过云楼家书》（点校本），文汇出版社2016年版，第75页。
3 （清）顾文彬：《过云楼家书》（点校本），文汇出版社2016年版，第116页。
4 （清）顾文彬：《过云楼家书》（点校本），文汇出版社2016年版，第60页。
5 （清）顾文彬：《过云楼家书》（点校本），文汇出版社2016年版，第31页。

崇、国初两种为主，时下墨卷只可略罩正谊书院课艺。校邠诸君与我同考时所刻一部，其中佳作甚多，买一部寄来，俟我选出数十篇，令孙辈读之，必有进益。”[1]顾文彬曾在一封家书中接连提问题，诸如孙辈们谁学得最快、老师上课情形如何、能否按期作文、有无提高等，关切之情跃然纸上。从读书、作文、写字、请师等各个方面对后代提出详细的规定和要求，目的是希望孙辈一举成名，获得一官半职，提升顾氏的社会地位，增强家族实力。

三要他们“讲究书画”。顾文彬再三要顾承督促孙子们“举业之暇”学习鉴赏书画知识，不要蹉跎岁月，因为书画是一门大学问。顾文彬父子合力开创过云楼的书画事业，而孙子则属于守成者，较他们父子有福。所谓创业容易守成难，如果不懂书画之道，那么孙子们则是有福不能享，更有可能败掉祖辈、父辈辛苦打拼来的家业。如果掌握了一定的书画知识，就有利于将来书画事业的发扬光大，对此顾文彬直言不讳：“孙辈讲究书画必须认真，因保守与散去皆用得着。而我家积蓄，此项亦是大宗。否则，我现在之极意搜罗皆成虚设矣。”[2]对顾文彬来讲，过云楼书画收藏不但有怡情养性的考虑，更有积累资本、扩张财富的目的。除了他与顾承精通书画鉴赏之外，孙辈们尚且缺少

1 （清）顾文彬：《过云楼家书》（点校本），文汇出版社2016年版，第60页。
2 （清）顾文彬：《过云楼家书》（点校本），文汇出版社2016年版，第19页。

这方面的能力，故而顾文彬“以此为虑”，经常询问孙辈们研究书画的进展，家书中经常出现“此事汝等视为缓图，我却视为急务也”[1]“务与孙辈讲究书画，切勿视为缓图”[2]诸如此类的话。当他的想法与顾承产生分歧、心里烦闷时，他以略带指责的口吻说：“孙辈讲究书画，我视为要图，汝等皆视为迂图。诲尔谆谆，听我藐藐，我末如之何？以后收罗字画，殊觉心灰兴索耳。”[3]责备的语气中充满了一位父亲、祖父的委屈与无奈，他屡次告诫顾承切不可因为孩子们对书画知识“难于领会而置之”。早在同治九年三月，他就制定研习书画的“章程”，要求顾承每月举行六期讲座，“按箱捱次将字画每期取出十件，令四孙环侍，汝与讲说，先论其人，次论其书法、画理，再论其价值。四孙各立一册，将所讲十件详记于册，自书分执。行之一年，必皆成内行矣。此乃要事，切须依我行之”[4]。当时麟祥、麟元、麟诰、麟韶四个孙子已经长大，分别为二十一岁、二十岁、二十岁、十七岁，处于学习的大好时光，然顾文彬的良好愿望并未完全付诸现实，致使他产生不满情绪，时常在信中发泄一番。其实作为“顾氏家族CEO”的顾承身上的压力与责任巨大，他既要掌管大家庭的日常事务，又要执行父亲书画买卖的指令，还得操心典当、收租等其他生意，之后又忙着建造怡园和过

1 （清）顾文彬：《过云楼家书》（点校本），文汇出版社2016年版，第23页。
2 （清）顾文彬：《过云楼家书》（点校本），文汇出版社2016年版，第31页。
3 （清）顾文彬：《过云楼家书》（点校本），文汇出版社2016年版，第25页。
4 （清）顾文彬：《过云楼家书》（点校本），文汇出版社2016年版，第6页。

云楼，故不可能将顾文彬这个“董事长”的每一个决策都执行到位，父子之间的摩擦在所难免。顾文彬对顾承说：“所论书画一道，汝系从幼钻心，故能心领神会。孙辈非性之所好，勉强讲习，终觉隔膜，然讲习一层，断不可少。我从前拟过章程，每月抽出几日，作为讨论书画之期，照此久之，行之必有悟入之处，若茫然无知，必至被人欺弄，非巧偷即豪夺，安能保守耶？”[1]他苦口婆心教育孙辈，无非希望他们成材，希望他们光宗耀祖，传承过云楼的文脉与家族的事业。

《过云楼家书》内涵丰富，涉及家庭、社会、官场等方方面面，而书画是家书中的关键词，因此《过云楼家书》是顾文彬父子有关鉴赏书画的谈艺录和书画买卖的生意经，体现了顾氏极高的艺术鉴赏能力和晚清书画市场的走向，以及过云楼成为江南第一楼的过程。顾文彬处理家事、教育儿孙等方面的书信，则传递了以和为贵、勤俭持家、立志上进、严禁赌博等思想，这种良好的家风也值得今人学习与借鉴。

1 （清）顾文彬：《过云楼家书》（点校本），文汇出版社2016年版，第147页。

后记

过眼，未成烟云

世纪之初，我离开长期从事的编研岗位，调到保管利用处工作，对苏州市档案馆的馆藏有了一定的了解之后，深感以党政机关档案为主的馆藏档案不能全面反映苏州历史文化名城的特质，于是对一些文化世家产生好奇。在陆承曜老师的帮助下，征集了陆鸿仪档案、郭绍虞档案，并希望通过采访文化老人留存一些口述历史，弥补馆藏之不足。之后，无数个周六上午，我泡在昆剧传习所，与顾笃璜老师交流，试图了解其高祖顾文彬创办过云楼的前尘往事，了解顾氏家族从官宦之家转为文化世家的发展脉络。由于顾老德高望重，学识渊博，周六上午远道而来拜访他的客人特别多，有时我们才开始交流就被人打断，这样断断续续交流了大半年，我撰写了《过云楼旧闻新韵》一文。与顾老频繁接触的那段时间，他多次希望我以过云楼为研究方向，尤其挖掘晚清民国时期顾氏以怡园作为苏州文化沙龙，以过云楼藏品为“教材”，在培养吴门画家方面所起的作用。顾老曾在二十世纪五十年代辞去苏州市文化局副局长职务，专心研究戏曲，故建议我要潜心业务，多做研究。然而由于各种因素，我没有坚持原来所向往的道路，加之业余写作的范围又杂，时间与精力就这样分散了，也因此与过云楼走散了很长一段时间。从个人的角度看，当年我没有听从顾老建议，向他借阅过云楼文献，专心研究过云楼文化，这是不可弥补的损失。但，从另一个角度说，当下过云楼档案文献的征集进馆与整理出版，是苏州市档案馆之幸，是广大文史研究者之幸，更是苏州历史文化之幸。

自2010年我分管征集工作后，一直致力于名人档案的征集，试图融合社会资源，丰富苏州的历史记忆，为苏州市档案馆资源建设略尽绵薄之力。在此过程中，我得到了冯端、沈起玮、陶为衍、娄有辙、郑有慧、汪泽青、潘君明、朱红等老师的支持与帮助，尤其是得到了顾老的大力支持。顾文彬的日记、家书、年谱、过云楼题画词，顾承信札、《吴郡真率会图》和过云楼友朋书札等一批珍贵档案陆续被征集进馆，成为我馆继苏州商会档案后的镇馆之宝。

明清以来，苏州由于经济发达、文化繁荣，在中国历史上独领风骚五六百年，各行各业涌现无数风流人物，藏书楼更是不计其数。及至清代同治年间，宁绍台道顾文彬构建以庋藏书画为主，旁及古籍、泉币、印章、拓片等多种门类的过云楼，名噪一时。苏州历来崇文重教，过云楼可谓是苏州文脉的代表之一，是一座既有建筑实证，又有文献支撑的江南文化地标。过云楼档案涉及顾氏家族子女教育、为官之道、友朋交往、书画买卖、缔造怡园与过云楼过程等方面的内容，是研究晚清官场生活、文人士大夫精神世界与价值取向、同治光绪年间苏州园林发展情况等的第一手资料，其历史价值与文献价值不言而喻。

为了发挥过云楼档案的作用，宣传苏州历史文化，让社会上更多的人了解过云楼，我与同仁们点校出版了《过云楼日记》《过云楼家书》两种。2016年，与苏州市过云楼文化研究会、文汇出版社联合策划国家“十三五”重点图书《过眼烟云——过云楼历代主人手书精粹》丛书，并于2017年启动，志在将顾文彬、顾承、顾麟士、顾公柔与顾公硕等四代人的手稿分批出版。此丛书于2018年年初被列入苏州市“文化繁荣兴盛三年行动计划”，至今已出版《顾承信札》《鹤庐画趣》《读书随笔》《顾公柔日记》等六种九册。同时，为了吸取前面十余年“荒废”的教训，近四年来，我利用晚上与周末的时间，专心研读《过云楼日记》《过云楼家书》及其相关的文献资料，撰写了《顾文彬家世考略》《吴中七老自风流》等二十余篇文章，分别发表在《书城》《文史知识》《档案与建设》《档案春秋》等刊物上。这些文章围绕顾文彬家族历史、过云楼书画买卖、过云楼友朋交往三个方面做了一些研究。由于理论修养不高，文章的深度不够，只能说是我对顾氏家族和过云楼文化研究所做的一种尝试吧。现在选取其中二十篇，结集出版《过云楼档案揭秘》，以飨读者，敬请方家批评指正。

需要说明的是，与过云楼相关的一些人物对于很多读者来说可能并不太熟悉，又考虑到研究者需要原文献比照，对于过云楼档案中以字、号出现的人物，若在书中没有详细铺叙，则在本书首次出现时注明字、号。书中涉及人物众多，各位人物对各位读者来说熟悉度不一，阙失之处，敬请谅解。另一方面，原始档案存在字、号不一的问题，以顾文彬为例，俞樾撰写的《七老图记》和王颂蔚所撰顾文彬墓志铭中字、号不同，以墓志铭为准。

顾文彬以苏轼“烟云之过眼，百鸟之感耳”之句，为自己的收藏楼取名为过云楼，蕴含了一种达观的人生态度。世间万物，对个体而言都是烟云过眼，但文化是累积的，是传承的。过云楼庋藏的名家书画、古籍善本等珍贵文物，如今大多被收藏在故宫博物院、上海博物馆、南京博物院等国家公共文化机构。这些文物于顾氏后人来说确实如过眼烟云，但对一个民族来说，过云楼的珍品将代表优秀的中华民族文化永远流传下去，继续滋养我们的精神世界，提升我们的审美情趣。顾氏后人“化私为公”的高尚情操，及其在抢救与传承苏州刺绣、桃花坞木刻年画、昆曲等方面所起到的重要作用，更是值得我们敬仰和铭记。

我有幸与顾老结识，并得到他的青睐与帮助，在我撰写《顾文彬家世考略》时，由于缺少资料，他慷慨地将《艮庵老人手订年谱》和顾文彬所撰顾大澜等七人的行略借给我研究，之后又无偿捐给档案馆。于我而言，唯有尽心尽力保管好、利用好过云楼档案，才能不负他的重托与信任；唯有专心研究过云楼文化，才能不负他倡议成立苏州市过云楼文化研究会的初衷与宗旨。同时，在我的写作过程中，得到朱刚、孙中旺、何文斌、顾颖、顾其正、王康生、丁士华等朋友的无私帮助；南京博物院、苏州市档案馆、苏州博物馆、过云楼艺术馆为本书提供了部分珍贵的图片；复旦大学历史系教授樊树志先生冒着严寒为小书作序，使我受宠若惊，在此一并表示深深的谢意与敬意！感谢苏州市社科联的有力资助，感谢古吴轩出版社的精心策划、编辑，使我深感这部小书，不仅是冠以个人名字的作品，还是大家共同努力推出的成果。

过眼，并没化为烟云。过云楼文化研究是一个关乎晚清民国苏州历史文化的课题，内涵丰富，史料丰富，我愿与同道们一起继续探索与研究。

谨以这本小书献给长期以来信任我、帮助我、勉励我的顾笃璜先生！

沈慧瑛

二〇一九年元旦写于守拙阁